和谐校园文化建设读本 ┣┄┄┄┄┄┄┄┄┄

小学校长工作12讲

吕佳航/编写

吉林教育出版社

图书在版编目(CIP)数据

小学校长工作 12 讲 / 吕佳航编著. — 长春：吉林教育出版社，2012.6（2018.2 重印）
（和谐校园文化建设读本）
ISBN 978－7－5383－8751－3

Ⅰ．①小… Ⅱ．①吕… Ⅲ．①小学—校长—学校管理 Ⅳ．①G627.1

中国版本图书馆 CIP 数据核字（2012）第 116017 号

小学校长工作 12 讲　　　　　　　　　　　　　　　　　吕佳航　编著
策划编辑　刘 军　　潘宏竹
责任编辑　刘桂琴　　　　　　　　　　　　　　　**装帧设计**　王洪义
出版　吉林教育出版社（长春市同志街 1991 号　邮编 130021）
发行　吉林教育出版社
印刷　北京一鑫印务有限责任公司
开本　710 毫米×1000 毫米　1/16　　13 印张　　**字数**　165 千字
版次　2012 年 6 月第 1 版　2018 年 2 月第 2 次印刷
书号　ISBN 978－7－5383－8751－3
定价　39.80 元

编　委　会

主　　编：王世斌

执行主编：王保华

编委会成员：尹英俊　尹曾花　付晓霞

刘　军　刘桂琴　刘　静

张　瑜　庞　博　姜　磊

潘宏竹

（按姓氏笔画排序）

总 序

千秋基业，教育为本；源浚流畅，本固枝荣。

什么是校园文化？所谓"文化"是人类所创造的精神财富的总和，如文学、艺术、教育、科学等。而"校园文化"是人类所创造的一切精神财富在校园中的集中体现。"和谐校园文化建设"，贵在和谐，重在建设。

建设和谐的校园文化，就是要改变僵化死板的教学模式，要引导学生走出教室，走进自然，了解社会，感悟人生，逐步读懂人生、自然、社会这三部天书。

深化教育改革，加快教育发展，构建和谐校园文化，"路漫漫其修远兮"，奋斗正未有穷期。和谐校园文化建设的研究课题重大，意义重要，内涵丰富，是教育工作的一个永恒主题。和谐校园文化建设的实施方向正确，重点突出，是教育思想的根本转变和教育运行机制的全面更新。

我们出版的这套《和谐校园文化建设读本》，全书既有理论上的阐释，又有实践中的总结；既有学科领域的有益探索，又有教学管理方面的经验提炼；既有声情并茂的童年感悟，又有惟妙惟肖的机智幽默；既有古代哲人的至理名言，又有现代大师的谆谆教诲；既有自然科学各个领域的有趣知识，又有社会科学各个方面的启迪与感悟。笔触所及，涵盖了家庭教育、学校教育和社会教育的各个侧面以及教育教学工作的各个环节，全书立意深邃，观念新异，内容翔实，切合实际。

我们深信：广大中小学师生经过不平凡的奋斗历程，必将沐浴着时代的春风，吸吮着改革的甘露，认真地总结过去，正确地审视现在，科学地规划未来，以崭新的姿态向和谐校园文化建设的更高目标迈进。

让和谐校园文化之花灿然怒放！

本书编委会

目 录

第一讲 修身为先 坚持提升自我修养

人如同陶瓷器一样,小时候就形成一生的雏形。幼儿时期就好比制造陶瓷器的黏土,给予什么样的教育就会成为什么样的雏形。

——塞德兹

校长是党和国家教育方针及其他各项政策在学校的贯彻执行者,是学校各项工作的管理者、指挥者和组织者,是办学育人工作的具体规划和实施者,是全校师生员工的带头人,是名副其实的一校之"魂"。"一个好校长就是一所好学校",这已经成为大家的共识。校长的地位和作用越来越为人们所关注。一个好校长可以创造出无数个好学校,培养出无数的好教师、好学生。校长的教育理念直接影响着整个学校的发展,校长的思想政治素质、业务素质和管理能力更是直接关系着学校的办学质量和水平,决定了学校的发展速度与潜力,影响着亿万学子的健康成长。校长负责制的教育体制改革为校长们施展才能创造了条件和机遇的同时,也对校长工作提出了更高的要求。如今,现代化的小学教育更是需要高素质的兼备多种能力的小学校长。具备高素质的多种能力的小学校长,是快速适应小学教育现代化的需要,是推动小学教育现代化进程的关键所在。小学教育现代化的实现还需经过很长的征程,小学校长的素质也应随着小学教育现代化进程的推进而自觉地完善,这不仅是时代的要求,也是小学校长应有的对自身的要求。

第一节　小学校长应具备的优秀素质

小学校长由于岗位比较特殊,经常处在没有上级领导面对面直接监督、直接管理的状态下独立工作、独立执政。因此小学校长任职时,就应该具备一些特有的"校长素质"。所谓"校长素质",就是校长管理学校,完成办学育人工作时所应具备的基本素养和所应具有的稳定品质。想要成为一名优秀的校长,就要以教育核心价值观为引领,切实提升以下几个方面的素质与能力:

一、高远的境界

(一)高尚的思想品德

校长在学校管理工作中,一是靠真理的力量,二是靠人格的力量。一个合格的小学校长,就是要使真理与人格交相辉映,不断地提升自己的思想境界与品德修养,争取时时为表率,处处做垂范。

1.深远的思想境界

校长是学校工作的决策者和指挥者,必须发挥自己的率先垂范,模范带头的作用。身为一校之长,就应当具备高于本学校任何一个人的思想觉悟和思想境界,要树立科学的人生观和世界观,不断提高自己认识世界和改造世界的水平,在日常的工作中,在认识问题、处理问题时,要站得高,看得远,想得全。

2.高尚的行为操守

小学校长要做到勤政廉政,以身作则,一心为公,以此树立起自己的威信。只有依靠自己的实际影响力,来发挥学校组织效能,才能顺利地实现学校教育管理目标。同时,校长作为学校行政的最高领导者,要廉洁自律,自觉接受监督,使学校成为一个廉洁的、有战斗力的集体。

(二)豁达的心理状态

1.要有健康的情绪。学校工作千头万绪,校长可算得上是个日理万机的忙人,无时无刻不受到成功的喜悦和挫折的困扰的影响,校长一定要保持平衡的心理状态,做到喜怒有常、喜怒有度。

2.要有坚强的意志。学校工作的复杂性和繁重性,决定了校长工作在时间上的连续性,空间上的广泛性,方法上的随机性,要挑起学校这副复杂而又繁重的担子,校长必须有坚强的意志。只有这样才能在战胜挫折、克服困难中,不断积累才华,增长才干。

3.要有宽阔的胸怀。校长要有全局意识,有宽阔的胸怀,忠诚国家的教育事业,只求奉献,不求索取,以热情、忘我的态度,科学的精神,优良的作风,投身到学校工作中去。

(三)严格的律己标准

1.严于律己。校长对于自己的要求,应该高于对本学校的所有人的要求。别人能够达到的要求,校长要达到;别人不能达到的要求,校长也要达到。本学校任何人出现了问题,校长都有不可推卸的责任,都有帮助教育他们的义务。

2.为人师表,以身作则。凡是要求师生员工做的,自己要首先做到。小学校长在工作中,必须言传身教,身体力行,为人表率,做到正人先正己,以自己的模范行动去影响师生员工,寓教于自己的实际行动之中。有了这种力量,校长在师生员工面前每说一句话就能释放很大的能量,即使不说话也拥有无声的感召力和影响力。

二、深厚的底蕴

(一)要有深厚的知识底蕴

小学教育现代化的推进,无疑对校长的文化知识提出了更高的要求,校长应该是个"通才",而不是掌握一两门专业理论的"专才"。如果校长掌握的知识不全面,不够广泛,其工作起来就会捉襟见肘,不能游刃有余。众所周知,具有丰富的学识修养,了解和掌握了教育管理、学校管理的系统知识,了解学校各个职能部门的工作实务,知识渊博的校长更容易成为全体教职人员信赖的对象。因此,具有丰富的知识底蕴,是小学教育现代化对小学校长的基本要求,也是小学校长能够最终成功的基础。有关这一点具体应做到：

1.要有较深的政治理论功底

校长应具有敏锐的政治洞察力，坚定的政治立场，高尚的政治品德，鲜明的政治观点和明辨是非的能力，时刻保持蓬勃向上的革命朝气，不畏强权的浩然正气和昂扬进取的改革锐气。校长必须模范地执行党和国家的各项方针、政策，始终同党中央和上级党政组织保持高度一致，关心国家大事，强化学校班子建设和教师队伍建设，自觉实践"三个代表"，注重德育教育的针对性和实效性，始终把握正确的舆论导向，切实加强校园精神文明建设和文化建设，毫不动摇地坚持四项基本原则，旗帜鲜明地反对资产阶级自由化，调动一切积极因素，运用软硬件各种手段，为青少年学生的健康成长创设良好的环境和氛围。

2.要有丰富的专业知识与深厚的文化修养

作为学校教师的带头人的校长，必须要具有丰富的专业知识和深厚的文化修养，灵活掌握素质教育的理论知识，领会"大纲"精神，吃透教材实质，加强教科研力度，才能使学校教学工作有所起色。想要成为一名优秀校长必须首先成为一名优秀教师。推进素质教育，课堂教学是主渠道，是主战场，是前沿阵地。校长只有深入教学实践中去，在实践中探索、体会、总结，才可能获得教科研的第一手材料。在此基础上，才能引导教师组织课堂教学的各环节，促使教学效率的提高。

（二）要有深刻的现代教育理论功底

随着终身教育观点的产生，"终身学习""回归教育""继续教育"应运而生。小学校长应具有不断提高自身素质的学习能力，也要培养扩展新知识、拥有新知识的能力，并使之内化，逐步转化成为自身素质，才可能跟上新时期的步伐，才有可能使学校成为终身学习机构的基地。每一位有历史责任感、事业心的小学校长要认真学习马列主义、毛泽东思想及邓小平理论，又要持之以恒，孜孜不倦地学习钻研教育学、领导管理学、心理学。不断学习了解我国现行的各种法律法规，尤其需要掌握相关的教育教学法规,依法治校、依法治教,使教育走上法制化的轨道。通晓世界各国教育改革和发展的新动向、新特点,结合本校实际,创造性地制定、部署、安排学校的总体发展规划、办学目标、教研教改、教学设备、信息化建设及硬件建设,合理配置教育资源,亲自参与教学实践,使之适应现代教育、素质教育的要求。目前,小学校长岗位培训工作的全面展开,无疑对培养提高校长们的综合素质将起到重大的推动作用,只有学习、学习、再学习,抓紧、抓好培训,才能真正取得实效。

三、精湛的技能

(一)协调能力

校长要在学校发展的宏观上做出正确的战略性定位,处理好学校与学校之间、学校与家长之间、学校与社会之间、校长与中层干部及教师之间各种利益关系,积极主动地通过思想教育、感情沟通、工作交流等方法,调动各种积极因素,形成整体合力,确保学校整体办学目标的实现。

(二)管理能力

1. 应具备掌控重点的能力

校长的工作繁多而杂乱,在千头万绪的工作中,一名优秀的小学校长应该具备狠抓重点、掌控全局的能力。一定要紧紧抓住影响全局的重点环节、重点方面、重点单位、重点人物不放,抓住难于解决的重点问题和遇到困难的重点单位、重点人物不放。不分轻重缓急胡子眉毛一把抓,什么工作都抓了,但都是蜻蜓点水,频于应付,只会让工作难以获得成果。

2. 应具备良好的用人能力

只会自己把工作做好,但不能团结、依靠、领导、指挥其他干部工作的人,可以是党的好干部、好党员,但绝不会是好的小学校长,绝不是合格的小学校长。一名合格的小学校长应具备驾驭领导班子这架领导管理机器来领导管理学校工作的意识和能力,要精于识人、选人、用人,要按照科学的结构原则组织领导班子。要重点抓好领导干部和领导班子的思想作风建设。建设领导班子也要建立必要的机制。例如学习机制、自我完善机制、监督机制等等。

案例分析：

某小学李校长谈过一个案例。他们学校的刘老师是个青年教师，评职称时因名额所限，没有被评上。李校长在校务会上提议，教育局不给评，我们自己评，从这个月起，按副高给刘老师发工资、奖金。此消息一传出，学校中青年教师的积极性就发挥出来了，教师们起早贪黑走访、备课，互相学习，研讨教案，形成向刘老师学习、干得好就升级的认识。老教师更是不敢怠慢，怕落在中青年教师后面，学校再不是论资排辈，而是能者上，不行的下岗。市教育部门开始时，很不满意，认为李校长越权，后来看见这个学校各方面的工作更好了，也就默认了。

案例启示：

这是管理能力上的突破。学校是培养人的地方，应该"尊重知识、尊重人才"。李校长认为：人的生命是有限的，进入学校的教职工把一生中美好的青春献给了学校，学校就要让他们有展现才华的舞台。我们绝不浪费人才，有能力的就大胆使用。只要你肯努力，有才能，在我们学校就会有前途，就会有成就感，让学校成为优秀教师的摇篮。

第二节　小学校长应坚持的指导思想

人的行动是受人的思想支配的：人的正确行动受正确的思想支配，人的错误行动是受错误的思想支配的。因此，人要使自己的行动正确，就一定要使自己的思想正确。支配人行动的思想，概括起来就是两个方面：一方面是干什么、干不干、为什么干的思想，另一方面是怎么样干的思想。这第一方面其实就是人的价值观思想，第二方面其实就是人的世界观思想。一般情况下，人都是按照自己的社会存在、社会实践下形成的价值观、世界观来行动。但是革命者、改革者、高明者会跳出自我，反思自己的社会存在、社会实践，进而选择正确的社会存在、社会实践，投身于正确的社会存在、社会实践,并在正确的社会存在、社会实践中,形成正确的价值观、世界观,形成正确的思想。进而又用这新的正确思想指导自己的社会实践,形成良性循环。而新时期的现代化小学教育就要求小学校长成为这样的革命者、改革者、高明者,更应该具有敢于创新,敢于否定自我,敢于否定过去,勤于思考,善于思考的品质。只有这样,才能使得小学教育不脱离实际,并在其指挥管理下得以科学长久的发展。

一、树立正确的世界观、人生观、价值观

要想拥有正确的指导思想就必须拥有正确的、积极的世界观、人生观、价值观,小学校长在树立正确的"三观"时要注意以下几个方面:

1. 要树立唯物主义世界观,正确地认识世界,才能以正确的方法论指导实践。

2. 要树立以社会利益的维护为前提从而获取个人利益的人生观。

3. 要树立正确对待奉献和索取、义务和权利的价值观。

4. 要树立真正的幸福是健康的精神需要同合理的物质需要有机联系的幸福观。

小学校长的人生境界犹如阶梯,有着不同的层次。但无论哪一个层次、无论哪一个人生境界的起点都是接受教育、进行修养,并且也都有一个最终、最高的人生境界目标。在一定意义上,小学校长本身的世界观和修养的高低,决定着办学质量的高低。小学校长树立正确人生观,就能够为人民的利益识大体、顾大局、克己奉公,不会为个人得失而斤斤计较,不会陷入自我中心而难以自拔。就能够为崇高的教育理想,而用顽强的意志克服遇到的种种困难,不被矛盾所困扰,不向挫折屈服,不为冲突而忧虑,热爱自己本职工作,积极努力做出成绩,奉献自己存在的价值,与人民共享幸福之乐。

二、坚持正确的办学思想

一名优秀的校长必须具有先进的科学的办学指导思想,并用这一指导思想引领学校的教师、学生办好学校且一以贯之。只有这样校长的先进的科学的办学思想才能转化为全体教师的思想和理念，也唯有如此，校长的办学指导思想才能在办学过程中得以落实，学校办学目标才能得以实现。一个好的校长就是一所好的学校，主要体现在校长所坚持的正确的办学思想，也就是校长对于所有教育现象、教育问题、教育规律的看法和认识应该是比较系统的、完整的，不是支离破碎的。也就是说一个学校的校长有什么样的学生观、教师观也就确定了什么样的学生是好学生，什么样的学生是优秀的学生，是学校培养的方向，同样也就确定了什么样的老师是个好老师，这就是校长办学思想的重要性。因而校长办学思想对学校发展的引领起至关重要的作用，是一所学校发展的灵魂，也是校长领导学校的第一要务。也就是说校长最重要的任务是要把先进的、科学的办学思想转化为全体教职工的思想和理念。只有这样，全校的教职工，才可能在一个先进的、科学的办学指导思想下去落实，统一认识，统一行动。只要校长确定思想方向是正确的，朝着这样一个方向去努力，同时引领大家朝着这个方向去努力，将这一办学思想始终贯穿于办学过程之中，小学教育的成果必然丰厚显著。

三、坚持正确的育人思想

以德立校，全面育人，德育一直是素质教育的灵魂。江总书记在第三次全教会中再次强调思想道德素质对创新型人才培养的重要性，强调思想品德教育对学生的重要性。它不仅为教育教学指明了方向，更坚定了小学教育要坚持走"以德立校"之路的信心。之所以形成这样的育人思想，是经过教育多年的摸索和实践逐步确立的。小学教育是人生摄取知识的基础阶段，是世界观和行为习惯形成的重要时期。一个人如果思想品德出了毛病，智力再强也无用，搞不好，还会变成社会人渣。因此，要孩子成才，先教育孩子成人。小学校园是未成年人的集聚地，是培养人才的重要场所，肩负着思想道德教育的神圣职责，小学4～6年级更是使青少年安全度过"反叛期"，实现人的社会化过程的重要时期。而小学校长的育人思想在引导学生逐步树立正确的世界观、人生观和价值观,努力培养有理想、有道德、有文化、有纪律的中国特色社会主义事业的建设者和接班人方面具有特殊的意义。人无精神而不立,一个人的成长,更多的是来自"精神"的影响,师生的理想信念、精神支柱与团队协作精神往往直接影响着自身的精神风貌、价值取向与工作和学习态度。因而,一个学校的成长,更多的是取决于"学校育人精神"的塑造。学校育人精神是学校主流文化、先进文化的反映,是学校教育价值观念的体现。因此,教育先育人、以德育人的思想的确立与贯彻,是小学校长应该重视的。

四、坚持正确的管理思想

校长在整个办学过程中处于学校管理系统的核心地位、主导地位、决策地位,要想把自己的学校管理得有声有色,想花较少的精力做出更多的事,办出师生认可、组织认可、社会认可的好学校,即想事半功倍地管理自己的学校,应从几个方面做好:一是校长的自我管理,二是教学制度管理,三是教师管理。管理从思想上来说是哲学的,从理论上来说是科学的,从操作上来说是艺术的。当今现代社会,学校管理活动已经从经验走向科学继而走向科学与人文的整合。这就要求现代学校管理者要有一个进步的管理思想氛围,如民主、人本、效率等富含现代管理意蕴的思想,这与现代教育的使命是密切相关的。教育管理的发展轨迹,是从以"事"为中心向以"人"为中心的发展过程,是一个从经验主义走向科学主义、人文主义继而走向科学精神与人文精神整合的发展过程。因此,小学校长应当顺应现代社会的发展要求,有效地实施学校管理工作,树立人本的管理思想。所谓人本管理是指在人类社会任何有组织的活动中,从人性出发来分析问题,以人性为中心,按人性的基本状况来进行管理的一种较为普遍的管理方式。小学校长应以人本管理的思想充分调动教职员工的积极性,最大限度地发挥每个人的特长,协调和整合教师以及教师与其他各类工作人员的整体力量,从而高效优质地实现小学的办学目标。

第三节　小学校长应遵守的处世原则

一个校长,既是学校工作的指挥员,又是学校工作的战斗员;既是师生员工的"领导",更是师生员工的公仆。校长的工作不只具有"角色"的多重性,同时,其工作性质亦非同一般。因为,校长的工作对象是思维活跃、观点纷杂的人的集合,其根本任务是"加工"人。人均是有灵活的思想和鲜明的个性的,因此,这就要求校长在代表上级主管部门行使职权的过程中讲究处世待人方法的艺术性和手段的多样性。唯有如此,才能构建和谐发展、团结稳定的校园。那么,小学校长在日常工作中究竟应该坚持何种处世待人原则呢? 总结起来,无外乎无私、平等、宽容、热情、真诚、结合实际。

一、无私的原则

常言道:心底无私天地宽。小学校长,要想运用好手中之权,就必须在处世待人之时心无私念、公道正派、作风民主。如果凡事先替自己打算,置集体、教师的利益于不顾,就难以得到别人的认可,也谈不上在教师中有威信。同时,管理不能凭一己兴致。遇事决策时要全校教师讨论,以沟通的方式予以解决,校长只是一个组织、协调的角色。应让教师参与管理,在制定目标、分工实施和评估检查中,充分重视、广泛听取教师的意见,采纳他们的合理建议。唯有如此,教师在整体事业中才会产生自我满足感,从而增强个体和群体的战斗力。校长在学校的日常工作中,要为了搞好工作,团结同志,决不能为了笼络人心,拉帮结派。真正做到权为全体教师所用,利为全体教师所谋,情为全体教师所系。

二、平等的原则

庄子说:"物无贵贱,平等无私。"校长与教师,只是分工不同,绝无贵贱之分。校长在待人处世当中,决不能盛气凌人,唯我独尊,而应学会取人之长,补己之短;扶人之困,救人之危;"疏远者"不排斥,"亲近者"不偏袒;识"千里马",护"老黄牛";"善"不欺,"恶"不怕;不搞"家长制",切忌

"一言堂";坚持原则不简单生硬,以理服人不强加于人;相信教师依靠教师,发扬民主集思广益;团结一切可以团结的力量,努力构建平等、和谐之校园。作为小学校长,要尽可能地尊重团队成员中个体的创造,尽可能地发挥教师个人的智慧与力量,而不要动辄以"学校利益"为借口,轻视和压制教职工个人的选择和追求。校长应主动尊重教师的人格,尊重教师的劳动成果,切忌把教师看成是人格上的从属关系,要想别人尊重你,你必须首先尊重别人,否则,校长就有可能说话无人信,做事无人帮,最后落个孤家寡人、劳而无功的可悲结局。

三、宽容的原则

小学校长的工作职责要求一校之长必须牢记孔子曾经说过的古训:宽则得众。的确,校长要能理解人,原谅人。不勉其难而为之,不亏其心而待人,胸怀要像大海一样宽广,要大事讲原则,小事讲风格;求真心讲实意,存异体谅包容;一时分歧不争论,无伤大体不计较。大智若愚,看似糊涂不真糊涂,善解人意,设身处地考虑对方。校长在宽容教师,与教师搞好人际关系的过程中,要适当添加"润滑剂"。"糊涂",就是一种极好的"润滑剂"。要做到糊涂确实不易,这不仅需要一定的修养,同时,还需要有相当的雅量。校长在与教师的接触中,不免产生矛盾,而一旦有了矛盾,能平心静气地坐下来交换意见,予以解决,固然是上策,但有时事情并不会那么简单。因此,校长在处世待人时,值得提倡"糊涂"一点。否则,与教师的关系也将会日趋紧张。切记:水至清则无鱼,人至察则无徒。

四、热情的原则

对学生不热情的教师不是好教师,同样,对教师不热情的校长一定不是好校长。身为一名小学校长只有对教师热情相待,才能赢得教师由衷的敬佩,才能与教师之间亲密和谐,同心同德,这是办好学校的重要保证。待人热情,必须做到政治上信任,业务上帮助,生活上关心。坚定地相信广大教师,校长与教师之间才会有共同的语言,教师才会产生安全感,从而使教师心情舒畅,最大限度地发挥其工作积极性。当然,校长对教师热情,并非说对教师的缺点、错误进行庇护,不批评教育。批评教育本身也是一种爱。校长待人,宜表里如一,力戒口是心非式的"热情"。一个聪明的校长就要学会灵活地利用"角色"的地位,掌握交往主动权,沟通情况,交流信息,清除障碍,化除误解,赢得教师的理解和支持。

五、真诚的原则

无数事实告诉我们"巧伪不如拙诚""以诚感人者,人亦诚而应",因此,小学校长在待人处世中,不要伤人自尊心,不要自视高明,而要开诚布公,表里如一,要"誉人不增其美,毁人不益其恶"。同时,要做到,"己所不欲,勿施于人",要力求做到待人要说真话,办事要用实情,以情感人。没有人的感情,就没有也不可能有对真理的追求。在人们的交往中,良好的感情能使对方产生良好的心理效应,这是做好学校工作的重要因素。还应该树立全心全意为人民服务的公仆意识。小学校长只有时时把师生员工的疾苦放在心上,真诚地把为人民服务的公仆意识作为个人思想品德的出发点,师生员工才会相信你、拥护你、支持你。

六、结合实际的原则

小学校长待人处世不能因循守旧、一成不变,而应学会因人、因事、因时、因地而异,从实际出发,随机应变。在性格暴躁者面前,宜"细雨润物",不能"火上浇油";对待性格沉静者,宜动之以情,晓之以理;对年老的同志应以尊重为主;对年富力强者,既可委以重任,又要注意关心其家庭状态;对年轻人则宜多加引导、扶持。同时,校长在选人用人之时,要切合学校实际做到知人善任。要知道"骏马能历险,犁田不如牛;坚车能载重,渡河不如舟"。校长身边的工作伙伴中,均有其长处,也有各自的弱点,作为一校之长要善于扬其长避其短,尽可能地发挥他们的作用。将人用好、用活了,工作即能收到事半功倍的效果。像《三国演义》中的刘备,他计谋不如孔明,打仗不及关羽,勇猛赶不上张飞,他之所以能成就大业,关键之处就在于他擅长于用人之道。总之,情况变化多端,方法亦当多变。

综上所述,小学校长在处理日常事务中,唯有树立正确的教师观,做到处世待人无私、平等、热情并切合实际,方能更好地落实科学发展观,构建和谐发展、团结稳定的校园。

第四节　小学校长应强化的先进观念

所谓先进观念,是指人脑对客观世界的正确、积极的反映,是人们正确、积极的观点、概念等的总称。它来源于人的社会实践,并对人的社会实践和个体活动起着自觉的积极的调节作用。小学校长的工作实践证明,要想成为一名好的小学校长,就必须形成一个坚定的信念,特别注意提高自己的思想认识,转变自己的思想观念,端正自己的思想意识,不断强化如下几种尤为重要的先进观念:

一、责任观念

小学校长作为学校的行政负责人、法人代表,理应对学校行政工作全面管理,对上级全面负责。学校行政工作由校长领导、校长决策、校长组织实施,这是国家法律的规定,不是个人行为,不应有任何顾虑,要大胆负责。校长决策,一定要征询、尊重党支部、领导班子、教代会的意见,但最终是由校长自己拍板。原则上不搞少数服从多数的表决。在这个问题上,作为校长不能借口尊重别人的意见而推诿自己的责任。党员、其他干部也不能因为校长最后没有采纳自己的意见而消极对抗或冷眼旁观。同样,小学校长作为学校党组织的负责人,也要对学校的政治思想工作全面管理,并对上级全面负责。要对学校工作的政治方向,对学校干部教师队伍的政治方向、政治立场,对学校的党风廉政,对学校干部教师队伍的思想素质、工作态度、奋斗精神、职业道德等负全责。这也是国家法律和党的章程的规定,不是个人行为,不应有任何顾虑,要理直气壮地大胆负责,责无旁贷,无可推卸,不可懈怠。

二、务本观念

小学校长的核心职责和根本任务是搞好学校的教育教学,搞好学校的育人。校长应以主要精力、主要时间抓育人、抓教育教学,而办企业、搞创收、抓基建、抓后勤、拉关系、搞外联、处理日常事物,这些校长虽然都应该管、应该抓,但这些都不是我们校长的主要任务,有些工作应放权分流,责成别人去管、去抓。对此,校长一定要有清醒的认识,不能干捡了芝麻丢西瓜的蠢事。好的校长应坚持对学校教育教学的领导,坚持对学校育人的领导,确定学校的办学目标、办学思路、育人目标、育人思路,制定并领导全校探索课内教育思路与模式(课程设置、课堂教学思路)、课外教育思路与模式、校外教育思路与模式、学生质量评价思路与模式、校园环境建设思路与模式,领导全校搞好教育教学,不断提高教育质量,树立扎根教育的务本观念。

三、双重角色观念

小学校长多是党政双肩挑,既是学校的校长,又是学校的党支部书记,本身是双重角色。因此,就应该注意树立和强化自己的双重角色观念。既要注意履行校长的职责,也要注意履行书记职责。只有认识到两种角色的协调配合、整体运行,才能办好中国的小学。只有一种角色观念,只扮演一种角色,只履行一种角色的职责是不能搞好我们中国的小学的。这是由中国特色的社会主义道路所决定的。树立双重角色观念,学会角色换位思考意识,这样才能使自己出色地扮演好校长这个双重角色。

四、创新自主办学观念

当今世界正处于从工业社会向信息时代转化的时代,正处于呼唤可持续性发展的时代。这样的时代正在呼唤着学校教育,呼唤着高质量的学校教育,呼唤学校培育适应时代发展的社会主义新人,呼唤学校培育具有健全人格、整体素质、个性特色、创新能力,并有较强自主适应社会能力的社会主义新人。小学教育要适应这样时代变革的需要,就要进行改革,进行创新,要变应试教育为素质教育。但是每个学校都不可能采取一个教育实践模式,都应该有自己的办学思路、办学模式,这样才能因地制宜的办好学,办出有特色的学校,把育人落在实处。因此小学校长要从"领导让我干什么,我就干什么,让我怎么干我就怎么干"的心态和习惯中解脱出来,树立"我自己打算怎么干"的自主办学心态。抛弃办学无自己主张、无自己思路,事事听命于上级、事事依赖于上级的服从式办学观念,树立自主设计、自主实施、自主发展的创新式办学观念。改变千校一面、呆板沉闷、无个性、无生气的办学模式,创造出生动活泼的全面育人的崭新之路。

五、教育服务社会观念

历史发展的客观规律告诉我们,教育的发展是受社会政治经济发展和改革所制约的。社会政治经济发展和改革,决定着教育的目的、目标、路线、方针、政策、规模和发展速度。因此,小学校长在研究学校教育问题时,一定要认真研究当今社会对我们小学教育的要求是什么,从社会发展与改革的需要中找到我们小学教育改革与发展的支点。绝不能再办那种就教育论教育、闷头办教育的蠢事,要让教育服务于社会,再从社会中提升教育,否则,只能使小学教育陷入因循守旧的泥沼。

六、示范观念

俗话说得好:"榜样的力量是无穷的""身教重于言教""干部的行动是无声的命令"。一名校长要想使全校教职员工信服你,一心一意跟你干,就得在政治思想、党风廉政、人格修养、工作态度、奋斗精神、职业道德、业务能力、工作实践等方面,给老师做出好样子,成为老师的楷模。如果校长只迷信自己手中的权力和喋喋不休的说教,那是绝对不能最大限度地调动教职工的积极性,也不能最大限度地激发教职工的潜能。因此,也就绝不能搞好学校的工作。

以上就是小学校长在工作过程中应该注意树立和强化的六种思想意识。但作为小学校长至少应注意树立和强化的思想意识不管有几种,有一点是肯定的:小学校长在自己的领导与管理实践中,一定要特别注意提高自己的思想认识,不断接受先进的思想观念,争取不断提升自己的意识观念。

第二讲　明志笃远
保持坚定的理想信念

　　幼儿教育是教好后一代的基础的基础，它关系到进入青少年时期德育、智育、体育的健康发展。所以说幼儿教育是一项重要的工作，是非常细致耐心的工作，也是一项极其光荣的工作，做好这个工作，首先是要求搞幼儿教育工作的同志自身要有高尚的共产主义的道德修养，热爱自己的专业，专心致志，钻研业务，对培养好幼儿具有高度的责任感。

——徐特立

　　实践证明，党组织领导下的校长负责制，是对小学教育领导体制改革经验的总结，是做好新形势下中小学校工作的根本保障。在改革开放、完善社会主义市场经济的条件下，坚持中小学校党组织领导下的校长负责制，有利于进一步加强中小学校党的建设和思想政治工作，有利于坚持马克思列宁主义、毛泽东思想、邓小平理论和"三个代表"重要思想在中小学校的指导地位和社会主义办学方向，有利于中小学教育的改革与发展，有利于培养和造就社会主义事业的合格建设者和可靠接班人。能否坚持社会主义办学方向，培养"四有"新人，维护小学稳定和社会的稳定，是关系党和国家长治久安的大事。认真贯彻落实小学校党组织领导下的校长负责制，切实加强党对小学的领导，把小学的领导干部培养成为"社会主义政治家、教育家"，是维护社会稳定和祖国统一的客观需要和必然选择。因此，各级党委要站在加强党的先进性建设、提高党的执政能力的高度，紧紧围绕构建社会主义和谐社会的目标，坚定不移地推进党组织领导下的校长负责制，保证党的教育方针在中小学校全面贯彻落实。明确学校党组织的主要职责，正确把握党组织领导下的校长负责制的科学内涵,坚决拥护中国共产党的领导,紧随党的脚步。

第一节　紧随党的脚步

一、身份的特殊性

小学校长一般情况下都同时兼任学校的党支部书记。因此,就有一个不可推卸的职责,那就是做好党的工作,坚持党对学校的领导。在以往的工作实践中,小学校长经常遇到这样一个非常棘手的问题:一方面,国家规定学校要坚持党的领导,要保证党组织在学校中的政治核心地位。另一方面国家又规定中小学实行校长负责制,学校工作要由校长全面管理、全面负责,要保证校长在学校的中心地位。一方面是核心,一方面是中心。两者的关系究竟如何认识、如何处理呢? 本节将对这个问题做简略的阐释。

正是由于小学校长身份的特殊性,才要求校长本身要有很高的党性觉悟与不断深化觉悟的能力,还应具备对于自己的人格修养和党性锻炼的自我剖析意识和能力,因为只有这样,才能使自己随时清醒地知道自己在人格修养和党性锻炼方面的不足和今后的努力方向。应当具备对于自己工作,对自己领导管理能力和执政能力的自我剖析意识和能力,因为只有这样才能使自己随时清醒地知道自己在工作方面,在领导管理能力和执政能力方面的不足和今后的努力方向。要做到这样,就必须做到以下几点:

1.具有对党的事业高度负责的精神,为了党的事业奋斗不息、勇攀高峰的精神,为了教育事业奉献全部的勇气。

2.坚持实事求是、与时俱进的思想路线,掌握辩证唯物主义的立场观点和思想方法。全面客观一分为二地看待问题。不能只看到成绩,看不到问题和不足。也不能只看问题和不足,看不到成绩。

3.具备勤于反思、勤于探索的良好习惯。

4.还有一点特别重要,就是要清醒地知道党的事业对小学校长人格修养和党性锻炼的高标准、新要求,对小学校长领导管理能力和执政能力的高标准、新要求。严格要求自己。

5.注意发动群众,请别人监督自己。当局者迷,旁观者清,有的时候自己的问题自己是看不出来的。

二、结合实际,坚持党的领导

有人认为,学校实行校长负责制,并完成学校党支部的工作任务,应注重两项:一是保证,二是监督。这种想法或是把党组织的作用定位于保证学校工作的附属地位,或是把党组织的作用定位于学校工作之外的监督地位。这种想法能否保证党对学校工作的领导,能否保证党组织在学校的政治核心地位,并没有明确的结论。有人则认为,要保证党对学校工作的领导,保证党组织在学校的政治核心地位,党支部就得直接参与学校管理,学校大事一定要经过学校党支部批准才行。这种想法是否得当,我们也无可辩驳。众说纷纭,往往令校长莫衷一是,无所适从。这种分歧和争论还使部分党政领导分工负责的学校,党政领导矛盾频出,影响学校工作。通过对以往工作实践的反思,小学校长们应认识到:校长负责制是在新的形势下中小学坚持党的领导的一种新形式。在这种形式下,党对学校的领导是通过校长负责制来实现的。那么在校长负责制下,学校党支部如何做好党的工作,坚持党的领导,保证党在学校的政治核心地位呢?

在校长负责制下,坚持党的领导,保证党在学校的政治核心地位,需要我们学校党支部坚持以下四个方面:思想上抓统率,政治上抓领导,组织上抓建设,管理上抓支持。这样既能坚持党对学校的领导,保证党在学校工作中的政治核心地位,也能很好地实施校长负责,做到党政一心,党政协调。即使在党政分工的学校也不会出现党政为争"核心"与"中心"闹得不可开交的现象。

小学是培养接班人的重要基地,我们只有旗帜鲜明地反对资产阶级自由化,坚定不移地坚持四项基本原则,特别是坚持党的领导,才能更好地完成新时期中小学培养"四有"人才的历史使命。小学教育只有在中国共产党的领导下,坚定不移地把学校党支部育人任务放在首位,坚持不懈地用马列主义毛泽东思想、邓小平理论,正确的人生观,用先进的人格理念,用优秀的道德理念和规范,用先进的教育思想、理念武装干部教师的头脑,指导学校工作,保证马列主义毛泽东思想、邓小平理论在学校政治思想领域的指导地位,校长要坚持理论联系实际,务求实效。教师要坚持正面教育为主,认真开展批评与自我批评。党支部要坚持发扬党支部内的民主,走群众路线。同时,全校职工都需要坚持边学习边查边改,注重解决突出问题,把是否真正解决群众反映强烈,通过努力能够解决的突出问题作为衡量先进性教育活动成效的重要标准,才能保持小学教育的先进性。

案例分析:

怎样才能真正地实施好校长负责制?

案例启示:

校长负责制能否正常运转,关键在于:

实行校长负责制,校长手中有了权,能否正确对待自己,正确对待手中的权,正确行使这些手中的权力,这是体制正常运转和校长工作成败的关键之一。体制的核心是权力的分配,只有正确地认识权力,才能真正认识现行校长负责制的领导管理力量结构,以及内在的整体性原理,也才能正确行使自己的权力。

实行校长负责制,校长能否正确处理与党组织的关系,做到既有明确的职能分工,又有密切的精诚合作,是体制正常运转和校长工作成败的关键之二。学校能否真正地发挥党组织的政治核心和监督保证作用,则要有基本的措施和制度保证,才能保证党组织工作的开展和作用的发挥,并与学校的行政工作协调一致。

实行校长负责制,校长能否正确对待教职工,发挥教代会的民主管理和民主监督作用,充分调动和发挥教职工的积极性,是校长做好工作的基础,是体制正常运转的关键之三。管理不只是管理者的事,也是被管理者的事。教职工是学校的主人,是各项具体工作的操作者。要在相信教职工、尊重教职工、依靠教职工的基本信念指导下,要有基本的制度保证,真正落实教职工参与学校的管理工作。校长所做出的决策和指挥,只有在取得教职工的认同,变成教职工的自觉行动时,才能收到预期的效果。

总之,现行校长负责制是一个整体结构概念,只有正确对待党组织、正确对待教职工、正确对待自己,才能正确认识现行校长负责制,才能正确实施现行校长负责制,才能不断完善现行校长负责制,才能充分发挥现行校长负责制的整体功能作用。

第二节 与时俱进 加强思想政治建设

一、提高领导集体的思想政治觉悟

（一）提高自身素质

1.要进一步明确办学思路,提高领导水平和驾驭能力,加快学校发展。强化现代管理和现代教育思想观念的学习、培训与运用,使领导班子成员善于思辨,充满激情,开拓创新,依法治教,科学管理。

2.要进一步加强群众观念,转变工作作风,以师生为本,深入年级,深入班级、深入学生,牢固树立为师生服务的观念,主动关心教职工工作、学习、生活,想教职工之所想,急教职工之所急,谋教职工之所需,努力为学生搭建健康全面发展的平台。

3.要进一步坚持党政统筹协调,提高处理和化解矛盾的能力。增强发展的紧迫感,坚持民主集中制,议大事,谋发展,攻难关,保持奋发有为的精神状态,弘扬艰苦奋斗精神,夯实基础,发展内涵,创人民满意的学校,办人民满意的教育。

（二）加强思想政治建设的基本要求

1.提高认识,端正态度。把思想和行动真正统一到中央的精神上来,先进性教育活动能否搞好,首先取决于领导的思想能否到位。领导干部务必认真学习中央、省、市、区、局的有关文件,提高思想认识,以高度的责任心,足够的领导精力,良好的精神状态,搞好小学教育活动。

2.联系实际,深刻剖析。要找准抓住解决好存在的突出问题,采取多种形式,广泛听取和征求各方面的意见,全面总结近几年来思想、工作和作风等方面的情况,查找在保持先进性方面存在的差距和突出问题,并切切实实加以解决。

3.边整边改,相互促进。在小学思想政治教育活动过程中,对全体教职人员提出的问题要加以整改,要正确处理好开展教育活动和做好各项工作的关系,紧紧围绕"育人"的根本任务和学校的中心工作开展教育活动,做到"两不误,两促进"。要以开展教育活动为动力,进一步理清思路,统筹规划,在推进改革、加快发展、保持稳定中发挥党员的先锋模范作用和党组织的战斗堡垒作用,推动各项工作卓有成效地开展,创建和谐校园。

(三)加强思想政治建设的预期目标

1.增强思想政治素质和全局观念。党员领导干部学习实践"三个代表"重要思想的自觉性、坚定性进一步增强,对新时期保持共产党员先进性进一步明确,对党员群众的示范带头作用进一步发挥。

2.提高依法治教和依法办学的水平。党员领导干部对加强党的执政能力建设重要性、紧迫性的认识进一步提高,执政意识进一步强化,依法治教本领进一步增强,依法办学水平进一步提高。

3.进一步树立为人民满意而教育的宗旨。工作作风进一步改进,教育行风进一步改善,党群、干群、师生关系进一步密切,真正做到以育人为本、以教师为本,务实清廉。

4.社会服务水平明显提高,回报社会献爱心。通过先进性教育,带领广大教职员工进一步做好服务社会、奉献爱心工作,为流动人口子女服好务,关心爱护农民工子女,让农民工子女学有所长,幸福健康地成长。

二、做好思想政治工作的原则

为了坚持党的领导,紧随党的脚步,学校党支部要和学校行政领导协同合作,狠抓学校的思想政治工作。现代化的小学思想政治工作的思路、原则和主要做法主要在以下四个方面:坚持一个根本目的,创造四个环境,遵循五项工作原则,坚守十个思想阵地。

（一）坚持一个根本目的

坚持一个目的,就是坚持"用马列主义、毛泽东思想、邓小平理论和先进文化教育人,塑造人,促进和实现人的自由而全面发展"这个思想政治工作的根本目的。说简单一点,思想政治工作的根本目的是为了育人,不仅仅是为了保证学校工作。这里说的育人指的是教育培养教职工。为了实现这个根本目的,小学校长的思想政治工作就要有领导、有组织、有计划、有系统、有针对性地自主进行。

（二）创造四个环境

创造四个环境,就是在思想政治工作中,努力创造积极健康、团结祥和的政治环境,心情愉悦、勤奋努力的工作环境,催人奋进、助人争先的成长环境,赤诚相待、和谐融洽的人际环境。

（三）遵循五项工作原则

遵循五项工作原则,就是要求小学校长在开展思想政治工作过程中要严格遵循坚持正确政治方向的原则,从实际出发有针对性原则,与行政工作紧密结合、同步进行原则,以情育人、以心育人原则,依靠骨干、构建机制原则。

（四）坚守十个思想阵地

坚守十个思想阵地,就是要做好学校思想政治工作的十件事:坚持不懈地抓好学校思想政治指挥部工作,坚持不懈地开展思想动态分析和有针对性的思想教育工作,坚持不懈地搞好党小组思想政治工作责任区制度,坚持不懈地抓好教职工的政治学习,坚持不懈地办好学校的校刊、广播站,坚持不懈地开展学英雄、讲传统活动,坚持不懈地开展赞先进、树典型活动,坚持不懈地搞好给教职工送温暖、送快乐活动,坚持不懈地搞好党团组织和领导班子自身建设,坚持不懈地搞好思想政治工作总结和经验交流。

第三节 继往开来 保持党支部的先进性

一、加强政治领导

只有重视政治领导,才能促进党支部工作更好地完成。搞好政治领导,就是要求学校党支部要狠抓学校的领导班子建设与管理,党组织建设与管理,团组织建设与管理,工会组织建设与管理及其他组织建设与管理,在政治上保证党在学校的领导地位,保证学校的领导权掌握在真正的马克思主义者手中,保持党团组织的先进性和纯洁性。在坚持党的领导与加强思想政治建设的同时,也要学校党支部通过自己的工作,使全校教职工在政治上要始终与党中央保持一致,在重大政治事件中立场坚定,旗帜鲜明,在日常工作中坚定不移、不折不扣地贯彻党的纲领、路线、方针、政策,使学校的教育教学和管理工作坚持正确的政治方向。

(一)建立党支部统一领导,党、政、工、团齐抓共管、各负其责的思想政治工作机制,加强学校思想政治工作的领导

1.坚持学校党组织对学校思想政治工作的领导:学校思想政治工作的任务、目标、思路由学校党组织确定,学校思想政治工作的规划以及管理文件由学校党组织制定,学校思想政治工作的组织实施要由学校党组织直接领导,学校思想政治工作的重大问题的处理(例如对教职工的奖励处罚、组织处理,干部的选拔聘任)都要由学校党组织直接参与。

2.建立由学校党支部和校长共同领导的学校思想政治工作指挥部,具体组织指挥学校的思想政治工作。指挥部由全体干部、党支部委员、工会主席、教代会负责人和团支部书记组成。

3.建立学校思想政治工作与学校一切工作同步研究、同步决策、同步布置、同步实施、同步总结评价的制度。

4.建立学校思想政治工作责任制,明确各部门、各组织、各级领导、各个单位的思想政治工作职责及相关的督促检查制度。

5. 建立学校思想政治工作总结交流制度,不断调整学校思想政治工作思路、政策、方法和途径。每学年召开一次党小组思想政治责任区工作汇报会、一次思想政治工作经验交流会。定期召开学校思想政治工作会,制定或者修改学校的思想政治工作的规章制度和有关文件。编辑学校的思想政治工作文件汇编集。

(二)建立教职工思想动态监控制度,以便我们有针对性地对教职工进行思想政治教育

1. 要求学校思想政治工作指挥部全体成员和全体党员,在日常工作中深入师生员工,了解新情况、新问题,及时掌握教职工思想的新动态。

2. 坚持学校的思想动态分析会制度。力争每学期思想政治工作指挥部和党支部召开教职工思想动态分析会,分析教职工的思想状况和行为表现、产生原因、解决方法。分析主要从如下方面进行:教职工对党的路线方针政策、政府出台的新改革举措的反应与认识,教职工对社会所发生的重大事件的反应与认识,教职工对学校的奋斗口号、办学目标、办学思路、育人目标和育人思路的反应与认识,教职工对学校布置的新工作的反应与认识,教职工对学校出台的新管理措施的反应与认识,教职工对学校内出现的一些引人注意的问题的反应与认识,教职工的个人的特殊情况引起的思想问题。

分析会的目的任务就是找到障碍和影响大家在政治上与党中央保持一致的思想问题,找到障碍和影响大家搞好学校办学的思想问题,找到障碍和影响学校团结和稳定的思想问题,找到障碍和影响教职工思想进步、道德修养的思想问题,进而找到大家思想政治工作解决上述问题的办法和途径。分析会可以由书记校长及各方面的负责人首先汇报各自了解的情况和看法,然后大家补充并进行讨论分析,最后形成意见较为统一的认识。也可以由与会人员根据自己的了解和看法,自由谈看法,最后再通过讨论分析,归纳总结,形成较为统一的认识。

(三)建立教职工思想政治教育目标制,有目的、有计划地对教职工进行思想政治教育

结合社会、学校和教职工思想实际确定本校教职工思想政治教育的阶段教育目标、学年教育专题和学期教育重点。依据上述目标、专题和重点开展思想政治教育就能实现育人（教育培养教职工）和推动学校工作双丰收。依据思想政治教育的阶段目标、学年教育专题和学期教育重点制定思想政治教育规划，并确定学年学期思想政治教育计划。

（四）探索建立富有时代性、创造性和卓有实效的思想政治教育机制，采取教职工乐于接受的形式开展思想政治教育

认真研究新形势下思想政治工作的特点和规律，在继承以往的优良传统的基础上，积极开辟新途径，探索新办法，创造新经验，使学校的思想政治工作充满生机和活力。具体做法是：

1. 建立教职工能够自觉参加的政治学习制度。学习的材料由学校统一印发；学习时间由学校统一安排；学习的方式以个人自学为主，建立政治学习笔记本，边学习边记笔记；学校采取多种形式组织教职工汇报交流学习心得体会与收获（例如专题讨论、专题辩论、学习汇报、学习交流、学习测验考试等等）。

2. 学校党团支部和工会结合学习将组织一些丰富多彩的学习活动。如智力竞赛、学习讨论辩论、外出参观、请人来校做报告等。例如组织党团员入党积极分子参观了天津周恩来及邓颖超纪念馆、京郊农村改革致富的亿元村韩村河、革命圣地西柏坡和狼牙山，并在狼牙山纪念馆前组织新党员宣誓。

3. 建立大力表扬好人好事制度。学校和各个思想政治责任区每季度末搞一次。

4. 建立大力奖励先进制度。学校制定规章制度，重奖在学校工作中表现突出，做出优异成绩的教职工。坚持定期评选校级标兵教师活动，并且印发标兵教师事迹专集。

5. 做好校报，办好校园广播站，让它们成为学校思想政治工作的喉舌，占领舆论阵地，颂扬好人好事，弘扬正风正气，批判错误思潮，批评不良作风。

（五）努力建设学校的思想政治工作队伍，把学校思想政治工作落到实处

1.党支部应认真学习领会党的路线方针政策和国家的法律法规。利用群众喜闻乐见的形式宣传党的路线方针政策和国家的法律法规，利用群众乐于接受的形式组织广大教职工学习领会党的路线方针政策和国家法律法规。开展理论学习，全面贯彻《新党章》，深刻领会《新义务教育法》的精神实质，在实际工作中落实到位。

2.党支部应督促校长领导学校行政自觉按照党的路线方针政策和国家的法律法规搞好学校工作，并定期进行自查自纠。

3.党支部要领导学校教代会，按照有关规定和程序审议学校的重大事宜并监督实施。这些重大问题主要是：学校的办学目标、办学指导思想、育人目标、育人思路、教育改革思路，学校的办学规划，学校的工作计划，学校管理规章制度和管理文件，学校的工作分析与经验总结，上级规定或学校行政要求参加的重大问题决策。

4.在遇到重大政治事件时，党支部要立场坚定，要领导全体党员、团员、入党积极分子和全校教职工站稳立场，明辨是非，旗帜鲜明地和党站在一起，与党中央保持一致。

5.学校党支部应带领团支部、少先队定期联手开展帮困帮学互助活动。

二、重视组织建设

学校党支部在抓组织建设过程中，一定要特别注意抓领导班子的建设与管理和党组织的建设与管理，特别重视校长和学校干部的选拔、任用和培养教育。要把这两项工作作为组织建设的重中之重来抓。学校党支部也要支持校长和行政领导，按照党的纲领路线方针政策和国家法律法规，按照小学学校管理、学校教育的固有规律，积极努力地搞好学校工作。支持的主要内容有：领导党组织积极主动参与学校重要行政工作的决策，提出自己的意见和建议，协助校长和行政领导决策。领导党团工会组织积极支持校长和行政领导的工作。动员全体教职工积极投身

学校工作,动员党团员积极分子在学校各项工作中起模范带头作用。至于学校管理、学校教育的日常工作决策,日常工作实施,学校党支部则不要管得太多、太细。这样做的目的,一方面是为了避免越俎代庖,支部干了校长的事,更重要的是为了保证学校党支部全力以赴搞好自己的重点工作。党支部如果陷入学校管理、学校教育的日常事务,不是加强党的领导,而是削弱党的领导。当然在保证重点工作的前提下,学校党支部也应该积极协助行政领导做些学校管理和教育教学的具体工作。具体措施如下:

1.狠抓领导班子建设

充分发挥干部的带头作用为党旗添辉增彩,领导班子建设是关键。深入开展学习实践科学发展观活动。一是明确分工,责权统一。班子成员、中层干部各自的职责范围明确,力求责权对等,由此调动每一位班子成员和中层干部的学习、工作的积极性。二是坚持民主治校,坚持并完善了班子例会制度,大事、要事广泛征求意见、重大财务开支事先研究,避免工作中的决策失误。三是发挥班子成员的示范带头作用。学校班子成员带头兼课,带头执行规范,要求教师做的事情班子成员首先做好。四是全面关爱教职工。班子的号召力与战斗力来自于教职工的认同,为此,应倡导关爱每一名教职员工,无论是一线教师还是后勤教辅人员,每一名同志家中遇到困难,学校班子都尽心尽力予以照顾,并帮助解决。学校定期统一组织对所有教职工进行全面体检。五是扎实开展学习实践科学发展观活动,严格按照上级的布置完成工作。在创先争优等系列活动中,提升党支部的思想政治建设,加强组织作风建设。

2.狠抓党的基础建设

充分发挥党组织的先进性。党支部在围绕中心、服务大局工作的过程中,强化规范管理。坚持使组织生活正常化,党课教育规范化,党员学习制度化,建立健全各项党建工作台账,注意党建工作原始资料的收集、整理、归档工作,使党建工作再上新台阶。加强支部和党员的目标管理,细化目标分解,量化目标考核,做到考查与考核相结合,结果和评聘相挂钩。健全支部实绩录和党员奉献录。积极做好党员发展工作,抓好入党积极分子建设,采取挂钩帮带等形式,帮助入党积极分子不断向组织靠拢。坚持发展党员公示制度,保证基层组织的先进性、纯洁性。这些工作的开展,提高了学校党支部的创造力,党员组织工作的凝聚力和战斗力。

3.深入开展学习实践科学发展观活动,充分发挥党员教师的战斗堡垒作用

提高教育质量的关键在于提高教师素质,而教师素质的提高又往往由干部、党员的素质来决定。因此,学校应抓住学习实践科学发展观活动的契机,把建立一支高素质的党员教师队伍作为实现学校可持续发展战略及争创先进基层党组织的重要方面。应不断强化师德教育,全面提高师德水平,学校从抓学习入手,认真贯彻落实科学发展观,组织全体党员认真学习《中小学教师职业道德规范》《关于进一步加强和改进学校德育工作的若干意见》等一系列文件和教育法规,引导党员教师联系自己的思想和工作表现进行有的放矢的讨论,要求党员教师定期撰写阶段性学习心得体会。还需精心组织,认真实施,扎实开展师德教育活动。在全体党员教师中开展师德建设系列活动,让科学发展先进思想进校园,让科学教育理念进头脑,争做教育教学标兵,争做师德师风楷模,树立良好的师德形象。

4.大力推进素质教育,促进学校科学发展

为党旗添辉增彩,最重要的落脚点和标志是学校各项工作的扎实开展,学校的中心工作是教育教学工作。首先应做到,德育工作长抓不懈,始终紧紧抓住爱国主义教育和基础道德教育两条主线不放,抓主题教育,培养学生文明习惯。尽量组织学生在清明节期间祭扫烈士墓,激励每一位学生的爱国情怀。开展少先队主题教育活动,歌颂党的丰功伟绩,培养学生爱党爱国的思想感情。其次,凸显教学中心位置。提高教育教学质量是学校工作的生命线,是学校生存与发展的基础,学校应严格教学质量考评机制、科学安排教学活动、为教师发展搭建平台。

第三讲　权衡利弊
培养果敢的决策能力

在所有一切有益于人类的事业中,首要的一件是教育人的事业。

——卢梭

无数的事例说明,对领导者而言,决策的成功是最大的成功,决策的失误是最大的失误。西方决策理论学派代表人物、诺贝尔经济学奖获得者西蒙教授认为,决策贯穿管理的全过程,管理就是决策。小学校长是小学管理队伍的"班长",是学校"教师的教师",是学校发展蓝图的"总设计师",是党和国家教育方针政策的贯彻执行者。由于小学是个多层次、多结构、多系列、多因素的复杂组织,工作内容多,涉及面广,校长必须依靠学校管理系统中的中层管理人员和基层管理人员,由副校长、教务处、总务处等部门负责人及教师、行政事务人员等所组成的管理队伍,发挥学校党、团、队及群众组织的作用,定期研究学校工作,从而做出各项正确的决策。怎样发挥管理队伍的作用,关键在校长这个"班长"的决策和指挥。正如伟大的人民教育家陶行知说的:"做一个学校的校长谈何容易!说得小些,他关系千百人的学业前途;说得大些,他关系国家与学术之兴衰。"决策贯穿于小学学校管理的始终,小学校长只有做出正确的决策才能促使学校良性运作。毛泽东曾指出:"在任何一个地区,不能同时有许多中心工作。"这说明,校长要对整个学校工作进行具体分析,区别先后主次,只有找准中心,工作才有重点,才能明确主攻方向和工作目标,才能推动全局性的工作,才能抓住中心,提高效率,事半功倍。小学校长是学校的主要决策人,在日常工作中,校长不仅要抓准、抓紧中心,还要兼顾非中心的工作，正确处理中心工作与一般性、经常性工作的关系，没有一般就没有中心，只抓中心而丢掉一般，或者两者对立起来，都是形而上学的表现。因此，校长就像一个钢琴家，要弹好每一根弦。一名小学校长应有超强的决策能力，才能正确决策学校工作，达到事半功倍的效果。

第一节　科学决策　宏观布局

　　所谓校长决策，就是决定办学的策略，决定办学的办法，就是校长对于自己的学校如何办学、如何管理、如何开展教育教学等等学校工作拿出自己的解决方案。决策的内容林林总总，千千万万，但是归纳起来，就是两个方面：一是明确小学校长的工作要干什么、干到什么程度、什么水平、什么标准，二是明确我们的工作怎么样干。第一方面就是要明确工作的目标、内容任务要求。第二方面就是要明确工作的行动原则、方法途径、注意事项等。在明了决策内容之余，还应掌握宏观布局、科学决策的方法。

一、决策内容

　　（一）办学方面：

　　办学目标、办学任务、办学原则等。

　　（二）育人方面：

　　育人目标、任务及要求，育人思路、原则及注意事项，育人途径、方法。其中包括：

　　1.课堂教学：学科教学的任务要求、思路方法及过程步骤。

　　2.课外教育活动：课外教育活动的内容任务要求、课外教育活动的思路方法及过程步骤。例如校班队活动的内容任务要求，思路或行动原则。

　　3.学生管理：学生管理的内容任务要求、学生管理的思路方法。例如学校管理、班级管理与班主任工作、少先队管理的内容任务要求，思路及方法。

4.学籍管理:学籍管理的内容任务要求、思路及方式方法。

5.校园环境与校园文化建设:校园环境与校园文化建设的内容任务要求、思路及方法。

(三)教师队伍建设方面:

教师队伍建设的目标、内容任务及要求、方式方法及途径。

(四)教职工工作管理方面:

教职工工作管理的目标、内容任务及要求、思路及方法。

1.教职工的科学任用:人事安排、聘任。

2.教职工的激励激发:思想工作、工资奖金分配。

3.教职工的业务管理:例如课堂教学管理的目标、内容任务要求、方式方法及途径。班主任工作管理的目标、内容任务要求、方式方法及途径。

(五)教育科研方面:

教育科研工作的目标、内容任务要求、方式方法及途径。

(六)总务管理方面:

总务管理的目标、内容任务要求、方式方法及途径。

(七)领导班子建设方面:

领导班子建设的目标、内容任务要求、方式方法及途径。

(八)领导班子工作管理方面:

领导班子工作管理的目标、内容任务要求、方式方法及途径。

(九)对突发事件的处理意见

以上就是小学校长所要决策的主要内容。这么多内容需要校长具体问题具体分析,科学地实施决策。

二、决策的表现形式

校长一般是在下列情况下一定要实施决策。决策的表现形式分别是:

1.校长在制定学校办学章程时需要决策,表现形式是学校章程。

2.校长在制定办学规划时需要决策,表现形式是办学规划。

3.校长在确定学校工作计划时需要决策,表现形式是工作计划。

4.校长在制定学校各种规章制度时需要决策,表现形式是学校规章制度条文。

5.校长在制定某项工作实施意见时需要决策,表现形式是工作实施意见文件。

6.校长在决定对某个问题的处理意见时需要决策,表现形式是问题处理意见文件。

三、怎样培养科学决策能力

(一)加强自身的人格修养

校长一定要加强自身的世界观修养,树立观察处理问题的正确立场观点和方法。避免个人的政治观,个人的私利、私欲和个人的不良情感、情绪影响自身科学正确决策。这种情况在现实当中经常发生。小学校长学习马克思列宁主义、毛泽东思想、邓小平理论、三个代表重要思想、科学发展观的目的就是要掌握活的马克思主义的立场观点和方法促进科学决策能力的养成。只有自身修养提高了,科学决策的能力才会提高。

(二)决策民主化

决策是校长的首要任务、核心工作,小学校长往往为决策费尽心思、绞尽脑汁,但只要讲究民主化,校长就不仅能从困境中摆脱出来,而且会使决策更加科学和可行。校长实行民主决策的具体做法是:校长个人决策,在决策之前,采取各种方式真诚、虚心地听取各方面的意见和建议。例如,召开有代表性的群众座谈会征求意见和建议,召开领导班子会征求意见和建议,召开党组织会议征求意见和建议,召开全体教职工大会征求意见和建议,向有关专家和上级领导征求意见和建议,印发书面问卷向有关人员征求意见和建议,组织全体教职工围绕所要决策的问题开展讨论。这样不仅能很好地集中群众的智慧,还能让群众对所要决策的问题有了较为深入的认识,为今后开展相关工作奠定扎实的思想基础。

(三)耐心决策

不要希冀决策在一次完成,这是因为事物的发展是有过程的,其客观规律是逐渐显露出来的。人们对于事物的认识也是有过程的,对事物的认识也是逐渐深入、逐渐客观、逐渐全面的。人对事物的认识不可能一次完成,不可能穷尽。因此小学校长要坚持在工作开始前预先决策,工作开始后检验决策,工作进行了一段时间修订决策。

(四)合理借鉴别人的经验教训

对于别人的先进经验和成功做法可以借鉴,但是不能照搬。因为各校的环境、条件等因素都不尽相同。因此在借鉴过程中,一定要认真分析别人取得成功的环境、条件是什么,并且知晓自己和别人在环境、条件等方面有哪些差别,针对这些差别,在决策上进行一些调整。这样的借鉴才能收到好的效果。

第二节　理清脉络　有序实施

小学校长的工作千头万绪,一名优秀的小学校长就应该明了办学应当从哪些方面来做工作,每一方面的工作又应当如何做。只有这样,才能弄清学校工作的结构体系。要做到这样,就必须要理清学校工作的脉络。本节会就理清学校工作的脉络提出一些合理化的建议。

一、决策一定要遵循科学的程序

小学校长在决策时应按照科学的程序,先理清脉络,才能确保实施的有序性,大抵步骤如下:

1.分析形势,明确任务要求。认真研究分析社会现状与发展趋势,认真研究分析社会出现的新动态、新问题,认真研究分析社会现状与发展趋势及新的动态新的问题对学校有什么新影响、新要求。依据社会对学校的新要求、新影响,依据小学教育的特殊规律,制定或修订学校新的工作目标、任务、要求和思路。

2.分析现状,找到差距障碍。认真研究分析自己学校工作现状距离学校新的工作目标、任务、要求有哪些差距。要完成自己学校新的工作任务和要求,学校教职工有哪些思想障碍。

3.分析经验,制定改进措施。针对存在的差距和思想障碍,在总结以往经验和学习先进单位经验的基础上,集思广益制定完成学校新的工作目标、任务、要求的工作措施和解决办法,并在实践中逐步形成新的工作机制。

二、明确办学目标

1.确定学校的办学目标,构建学校的办学目标体系,这是学校办学的一项基础工程,它决定和影响着学校的发展方向和步伐,对学校办学至关重要。因此,它应该是校长办学必须高度重视的一件事。

2.确定学校的办学目标,构建学校的办学目标体系,还是一项科学性极强的系统工程。构建学校的办学目标体系,一定要精通学校发展的客观规律和科学体系,一定要严格遵循学校发展的客观规律和科学体系。要有本校的特色,不能照搬别人的。

3.确定学校的办学目标,构建学校的办学目标体系,还是一个随着社会和学校的不断发展而不断变化的动态工程。要在办学实践中不断补充、修改和完善本校的办学目标体系。

三、明确办学思路与原则

所谓办学思路与原则是指在研究和实施办学工作中应当遵循的基本线索和行动准则。小学办学应当坚持以下几个方面的办学思路及相应的办学原则:

(一)依据社会政治、经济、文化发展的需要确定办学目标和办学目标体系的思路

这一思路要求小学校长应遵守有教无类、全面育人的原则。制定出

办一流学校,创一流经验,出一流教师,育一流学生的方针。并依据此办学总目标确定以育人目标为核心的办学目标体系。

(二)依据社会政治、经济、文化发展的现状确定学校发展道路的思路

这一思路要求小学校长坚持依法治教的原则,想方设法努力创造优质教育,因地制宜、特色办学。

(三)依据学校的发展的基本规律确定学校发展道路的思路

这一思路要求小学校长以育人为本、德育为首、教学为主。遵循素质教育的原则,坚持以改革和科研促小学教育,自主特色办学,坚持科学育人。

(四)依据自己学校的发展实践和发展经验确定自身发展道路的思路

这一思路要求小学校长坚持特色育人的原则(例如快乐教育思想、成功教育思想、创造教育思想、和谐教育思想、可持续发展教育思想、特长教育思想等等)。

四、理清学校工作的结构体系

(一)紧抓学校育人工作

1.育人工作的总目标与育人的目标体系

2.育人思路与育人原则

3.育人途径与育人工作

(1)学科教学

实施人员:任课教师

(2)学生管理与教育

a.学生管理教育的内容与流程

b.学生管理教育级别与种类

c.学生管理教育形式

d.实施人员:校长、主管干部、少先队辅导员、班主任及全体教职工

(3)学生的教育活动

a.学生教育活动的内容类别

b.学生教育活动形式

c.学生教育活动的流程

d.开展学生教育活动的注意事宜

e.学生教育活动的实施人员:主管干部、少先队辅导员、班主任及相关教师

(4)学校的育人环境建设

a.育人环境建设的内容类别

b.育人环境建设的注意事宜

c.育人环境建设的实施人员:校长、主管干部、总务主任及相关人员

(5)学生的质量评价

a.学生质量评价的工作内容

b.学生质量评价的流程

c.学生质量评价的注意事宜

d.学生质量评价的实施人员:班主任及相关教师

(6)督促家庭教育

实施人员:班主任、学生家长

(7)联络社区教育

实施人员:校长、社区及有关单位

(二)重视基础保证工程

1.教师队伍建设

(1)目标与目标体系

(2)思路与原则

(3)工作内容与措施

(4)实施人员:校长及有关干部

2.教育科研

(1)目标与目标体系

（2）思路与原则

（3）工作内容与措施

（4）实施人员：校长及有关干部

3.总务后勤安全保卫等工作

（1）目标与目标体系

（2）思路与原则

（3）工作内容与措施

（4）实施人员：校长及有关干部

（三）明确学校的基本管理工作

1.目标与目标体系

2.思路与原则

3.管理的工作内容与措施

（1）任职管理

（2）激励管理

（3）履职管理

（4）业务管理

4.学校管理工作的基本程序

（1）决策、规划、计划、规章制度的管理

a.负责人：校长、主管干部

b.管理内容与形式

（2）工作实施的管理

a.负责人：校长、主管干部

b.管理内容与形式

（3）总结、反思与评价的管理

a.负责人：校长、主管干部

b.管理内容与形式

（4）学校工作的监督

a.负责人:书记校长、教代会负责人

b.管理内容与形式:自我监督、党组织监督、群众监督

(5)学校工作的民主管理

a.负责人:书记校长,教代会负责人

b.管理内容与形式

(四)做好党支部工作与领导班子建设

1.目标与目标体系

2.思路与原则

3.工作措施

4.负责人:书记、校长

第三节　事无巨细　亲力亲为

在现有社会文化氛围下,人们一般想当然地认为,决策者只管制定宏观政策,执行都是下级的事情,只要有了好的思路,下级就得无条件执行,政策的预期目标也就会水到渠成。一旦不能实现预期目标,则把原因归咎为下级执行不力。很少有人会去反思,政策本身是否有不合理因素,比如不具有可执行性。也很少有人认识到,下级的执行力与上级领导者本身具有直接的关联性,"执行力"在本质上就是"领导力",下级的执行力等于上级的领导力,换言之,有什么样的领导,就会有什么样的组织文化,就会有什么样的执行文化,就会有什么样的执行力,并最终体现为整个组织的执行力。小学校长的领导亦是如此。小学校长的工作固然需要很多部门与相关干部的配合,但是仍有很多工作是需要校长亲力亲为方能彰显权威、方能发挥应有效果的。

一、亲自制定学校章程

小学校长在办学过程中经常会遇到有关制定学校章程、办学规划,制订工作计划的问题。所谓学校章程,就是学校在办学中必须遵循的规则、条例。学校章程是校长依据学校工作的基本脉络和基本规律,依据

国家和政府的法律法规,在总结归纳本校办学成功经验基础上制定的本校办学纲领。它是学校过去办学成功经验的总结概括,还应是学校今后办学必须遵循的基本行动指南和行为依据。因此有人称学校章程为学校宪法。它反映了校长对学校工作基本脉络、基本规律的认知程度和驾驭水平,它反映了校长对国家政府有关学校教育的法律法规的认知程度、认识水平。它是衡量一个校长办学能力高低的一把标尺。在学校章程的制定工作方面,校长应该亲力亲为。下面是学校章程应包括的主要内容:

第一章　总则

第一条　制定本章程的目的与依据

第二条　学校名称学校地址

第三条　学校性质

第四条　学校规模

第五条　办学总目标

第六条　办学的总思路及基本原则

第七条　办学特色

第二章　育人工作

第一条　学校的育人的总目标

第二条　学校的育人思路与育人原则

第三条　学校的学科教学要求

第四条　学校的学生管理教育要求

第五条　学校的学生教育活动要求

第六条　学校的育人环境建设要求

第七条　学校学生质量评价标准

第八条　学校的家庭教育、社区教育的开展方法

第三章　学校管理工作

第一条　学校的管理目标

第二条　学校的管理思路与原则

第三条　学校的管理体制

第四条　学校任职管理的措施

第五条　学校激励管理的措施

第六条　学校履职管理的措施

第七条　学校业务管理的措施

第八条　学校决策、规划、计划、规章制度的管理内容

第九条　学校工作实施的管理内容

第十条　学校总结、反思与评价的管理内容

第十一条　学校实施对学校工作的监督的方式

第十二条　学校实施对学校工作的民主管理的方式

第四章　教师队伍建设工作

学校教师队伍建设工作的内容、目标、思路与基本做法

第五章　教育科研工作

学校教育科研工作的内容、目标、思路与基本做法

第六章　总务后勤安全保卫等工作

学校总务后勤、安全保卫工作的内容、目标、思路与基本做法

第七章　学校的学制及学籍管理

学校的学制、课程设置、教材管理及学籍管理相关事宜

第八章　附则

第一条　本章程经学校教代会审议批准后,方能正式实行。

第二条　本章程一经批准实行即为法规性学校工作总纲总则,是学校工作的基本依据。

第三条　本章程的修改需经由教代会审议批准。

第四条　学校校长和领导班子成员享有对本章程的解释权。

附注:

1.学校章程可以分为若干章,具体分为多少章由学校根据本校的实

际情况来决定。

2.每一章又可以分为若干条,条数自定。

3.每一条也可以分为若干款,款数自定。

二、制定章程的注意事项

小学校长制定学校章程应当注意以下几点:

(一)制定学校章程一定要坚持的基本原则

制定学校章程要依据学校工作的基本脉络和基本规律,依据国家和政府的法律法规,依据本校办学较为成熟的经验及做法。校长任职以后,应当很好学习研究原来的学校章程,应当深入实际了解学校办学实际,研究学校的办学经验,还应当在办学实践中,认真探索总结归纳本校的办学经验。这样经过一段时间的充分准备,再来重新制定或修改原有的学校章程才能取得理想的结果。

(二)谨慎制定学校章程

如今制定的学校章程是学校今后办学的行动指南和行为依据。因此学校章程的内容,一定要坚持依靠骨干和发动群众相结合的原则,经过深思熟虑、反复推敲,要经得起实践的检验,千万不能随意,不能朝令夕改,而且一定要符合本校实际,具有本校特色。可以借鉴其他学校的经验,但是绝对不能照搬。语言表述一定要简单明了,准确无误,不能模棱两可。

(三)要注重学校章程的实用性

学校章程制定出来以后,不能束之高阁、摆样子给别人看,要广为宣传深入人心,要认真组织全体教职工学习理解贯彻执行。要把它作为自己学校办学的指导文件,作为自己学校办学的行动纲领、行动指南。学校一切办学活动,都要按照学校章程确定的目标、思路、原则、方法、步骤和措施来办,学校办学就是在落实学校章程所确定的目标、思路、原则、方法、步骤和措施。从这个意义上说,学校章程是制定办学规划,确定工作计划的基本依据,学校办学规划、工作计划是落实学校章程的阶段性行动文件,办学规划、工作计划是为学校章程服务的行动文件。

三、亲自制定办学规划

办学规划,就是学校为了实现本校学校章程所确定的办学目标,依据本校学校章程,制定的本校在一个时期内的办学的指导文件,是学校在一个时期办学的行动纲领、行动指南。办学规划一般应包括如下主要内容:

(一)指导思想

本校办学总思路、重要办学指导原则和落实办学总目标的阶段努力方向等内容。

(二)目标与任务

为落实学校的办学目标,本时期要实现的阶段目标和要完成的重点任务。

(三)具体工作

按照学校的工作脉络来表述学校各方面工作的阶段目标、重点任务、工作措施和工作注意事项。

1.育人工作

(1)阶段目标及重点任务

(2)基本的工作措施

(3)工作注意事项

2.学校管理

(1)阶段目标及重点任务

(2)基本的工作措施

(3)工作注意事项

3.教师队伍建设

4.教育科研

(四)实施步骤

本办学规划分几个步骤完成,每个步骤的阶段目标和重点任务的内容。

四、制定办学规划的注意事项

学校章程是制定办学规划的基本依据,制定办学规划一定要严格遵循学校章程所确定的目标、思路、原则、方法、步骤和措施。制定办学规划不能离开学校章程另搞一套。但是办学规划和学校章程还是有区别的,办学规划只是落实学校章程的阶段性工作指导文件,和学校章程还不能划等号。制定办学规划要特别注意以下几个方面:

1.依据学校章程确定的办学目标和学校当前的实际来确定本时期的阶段总目标和重点任务,此阶段总目标和重点任务一定要准确、明确。

2.依据学校章程确定的各方面工作的目标和学校当前实际,来确定本时期各方面工作的阶段目标和重点任务。确定阶段目标和重点任务十分重要,这要从分析学校现状入手,依据学校现状与学校章程与既定目标的差距来确定阶段目标,依据学校落实阶段目标要突破的主要障碍来确定重点任务,依据学校工作当前必须要解决的薄弱环节来确定重点任务,还可依据学校工作自身的优势来确定重点任务。

3.围绕实现本时期的阶段目标,完成本时期的重点任务,依据学校章程总结概括的学校工作规律和学校当前的实际来确定本时期的主要办学措施、途径和方法。也应在学习别人和总结自己工作经验的基础上提出新的工作做法。这些做法、措施、途径、方法一定要具有可操作性。

4.在制定办学规划的过程中,也一定要坚持依靠骨干和发动群众相结合的原则。

5.我们的办学规划制定出来以后要把它作为自己学校办学的指导文件。要广为宣传使之深入人心,要认真组织全体教职工学习理解贯彻执行。

第四节　统筹兼顾　群力群策

凝聚产生力量,团结诞生希望。学校管理的最佳状态是让每个教职员工都感到"学校是我们的家,我们要共同发展这个家",最大限度地激发积极性。要达到这种境界,离不开学校的民主管理。从另一个角度说,一所充满生机与活力的学校必定是体现人文情怀、实行民主管理的学校。只有努力践行群谋群策群力,共推学校发展的民主管理之路,才能有效推动学校的快速发展,才能促进学校民主管理制度化、常态化,在每个环节中都能凸显着"个人"与"集体"的统一,"管理"与"民主"的和谐。

一、决策民主化

决策要讲究民主化。一是在每周召开的行政例会上提出决策内容,通过讨论群策群力作决定;二是把一些重大的决策草案的任务分解给分管校长,各分管校长组织中层管理者和相关人员经过研究,提出决策意见,再集体通过;三是涉及全校性的重大工作,先由分管校长与此校人员一起拟出决策草案,召开民主恳谈会予以修正后通过。这样的决策过程发挥了分管校长和中层管理者的工作潜能,汲取了全体教师的智慧,尊重了各个层面管理者的民主权利,也加深了学校教师对决策的理解,为决策的顺利实施奠定了基础。校长在决策过程中起统筹、指导、点拨的作用。

二、做事真实化

校长广泛征求意见和建议一定要真心、真诚,不能做面子事,走过场。要相信群众的意见和建议中有我们校长决策的重要参考素材。听取意见和建议要耐心,要听完、听全。要听顺耳的意见和建议,也要听逆耳的意见和建议。要听相同的意见和建议,也要听不同的意见和建议,还要听反对的意见和建议,甚至还要听牢骚、抱怨及不同声音。听意见和建议不能心不在焉,这耳朵进那耳朵出。也不能不耐烦,中间打断别人的话。更不能一听不同意见和建议就怒火中烧,给人家脸子看。校长能否广泛征求到意见和建议,是对校长态度是否真诚的一种检验,是对校长素质的一种检验。

三、执行规范化

执行要讲究规范化。决策的落实、制度的执行,最主要的是规范化。

每个学校都要制定出明确且操作性强的工作规范,按规范办事,全体员工一律平等。尤其是各层面的领导者要率先垂范,做出表率。必要时在执行过程中把某些内容予以公示。领导者身体力行,是无声的号角,无言的纪律。校长只要平时抓住这些,则无需插手下属的具体工作,各项工作也会按部就班地进行。

四、评价多元化

评价的多元化,一是自评,要求老师重视每节课的反思、每学期的工作小结、每一学年的考核,督评时写出总结或述职报告;二是互评,各职能部门、教研组和教职工之间进行互评;三是学生、家长、社会评;四是上级部门评。多元评价的前提是深入检查调研,这一环节不容忽视,只有深入课堂,深入平时,才能保证评价的准确性与公正性。可以说,深入督查的多元评价既避免了评价的单一性和片面性,也缓解了传统评价中易引发的各种矛盾和冲突。

五、管理亲民化

有为而"理",要注重"六性"。无为而"管",是"管"的艺术再现。有为而"理"则是"理"的科学提升。作为校长,应在"理"上有所作为,变无形的"理"为有形的"理"。

1.主动学习要注重"理"的创新性。若校长善于主动学习就能带动起一个善于学习的教师群体。重要的是,校长在学习教育专著中掌握先进的理论,在学习教育学杂志中改变教育理念,在借鉴各级各类学校的经验中树立正确的教育观,在与教师一起培训、教研、教学的活动中获取鲜活的教学观。更为重要的是,校长只有坚持长期的学习才能把实践的经验和理论的智慧精妙地结合起来,得到具有学校特色的新鲜办法、新鲜语言、新鲜思想和新鲜经验。这样校长讲话就不再是陈词滥调,而是新鲜活泼、富有启迪的智慧之音。

2.总体论证要注重"理"的科学性。校长有为而"理"的"理",意为梳理学校的工作思路,理通学校出现的难题,理透教师的思想情绪。因此,校长应该是一个思想进步、处世科学的学者。校长需要经过总体的论证,方能使"理"准确无误。一是把自己的"理"放在教育改革的理论的大背景下去论证,看这个"理"是否符合时代的潮流,科学的规律;二是把"理"溶于学校工作的具体情况中去论证,看这个"理"是否符合学校的客观实际;三是把"理"置到自己的工作中去验证,看这"理"是否符合自己的风格,是否能令人眼前一亮,心灵一震。

3.沉到基层要注重"理"的针对性。校长的"理"要特别注重针对性,否则,就会形成"理"与"实"两张皮,"理"得头头是道,效果却微乎其微。讲究针对性的基础是校长沉到基层,深入各小学,亲自感受基层的酸甜苦辣。然而,时代变了,情况变了,依靠过去的经验体会去思考现在的工作实际,很容易陷入死胡同。因此,校长要时时刻刻注意从生活工作中感悟"理"。

六、分析深刻化

校长对于征求到的意见和建议汇总以后一定要认真分析,要从意见和建议中了解群众心里真正是怎么想的,了解群众真正的需要、愿望和要求以及真正的意见和建议。要分析群众意见和建议中哪些是正确的,哪些是错误的;哪些现在马上就可以实行,哪些还需要等待时机和条件;哪些适应实际情况,哪些对我们学校不一定适用等等。在综合分析的基础上做出判断选择,并以此作为我们决策的重要依据。如果能从群众的反对意见中,从群众的牢骚及不同意见中吸取自己决策的有用元素,那更是高明的校长。如果小学校长的决策不能得到群众的拥护和积极响应,不能埋怨群众落后,要反思自己决策是否恰当。真正代表群众利益和心愿的决策,才能得到群众的拥护,才能使群众真心实意地跟着校长拼命干,才能收到预期的效果。

附校长学年总结所需的表格：

教师荣誉记录表

序号	姓名	获取时间	荣誉名称

学生荣誉记录表

序号	年级、班级	姓名	班主任	获取时间	荣誉名称

学校取得成绩记录表

序号	时间	突出成绩	主要负责人

文件发放记录表

序号	时间	级别	文件内容	下发部门	主要负责人

学校举办大型活动记录表

序号	时间	主题内容	参加人员	主办部门	负责人

第四讲 用人唯贤
促进整体的团结进步

合理的惩罚制度不仅是合法的,而且也是必要的。这种合理的惩罚制度有助于形成学生的坚强性格,能培养学生责任感,能锻炼学生的意志和人格,能培养学生抵制引诱和战胜引诱的能力。

——马卡连柯

一流的办学质量需要一流的教师队伍,而一流的教师队伍不能缺少拔尖人才的支撑与引领。因此,一个成熟的小学校长应该拥有自己正确的用人之道,主动发现、关爱、使用和培养人才,最大限度地把教师的才能和智慧都激发和调动起来,让不愿干事的人想干事,让想干事的人能干事,从而创造一种团结、和谐、向上的校园文化,优质高效地实现办学目标。现代化的小学教育要求小学校长所选拔的干部和组成的学校领导班子必须做到:政治坚定,业务精通,善于领导,精于管理,肯于研究,勇于创新,团结协作,艰苦奋斗,联系群众。

第一节 发扬人格魅力 感召全体职工

当小学校长,就一定要能正确任用干部。任用干部,是小学校长最主要的两项职责之一,不会任用干部就不能算是合格的校长。要想让干部发挥其最大的作用,就必须要用人格魅力和聪明智慧,让教职工干工作能忠心;用真心诚意和公正公平,让教职工干工作能舒心;用知人善任的用人机智,让教职工干工作能称心;用深入细致的思想工作,让教职工干工作能同心;用卓有成效的工作业绩,让教职工干工作有信心;用尽可能多的物质待遇,让教职工干工作能安心;用赏罚分明的奖惩制度,让教职工干工作能顺心;用严格细致的岗位责任制,让教职工干工作能精心;用优胜劣汰的人才管理,让教职工干工作能尽心。

一、校长要善于感召职工

在以往的管理实践中,小学校长经常遇到一个不可回避的难题,那就是怎么样才能让全校教职工真心实意拼命跟着自己干工作。校长要想让全校教职工真心实意拼命跟着自己干工作就要做到如下几点:

(一)发扬人格魅力和聪明智慧

校长要依靠自己的人格魅力、聪明智慧和卓越才能来赢得教职工的忠心,让自己的教职工对自己由敬而服,由服而爱,由爱而忠。这里面人格魅力最重要。所谓人格魅力指的是坚定的人生理念,无私的人生境界,宽广的胸襟胸怀,高尚的道德修养。人格魅力主要不是靠自己说什么来表现,而是靠自身的行动,靠自己做什么来表现。教职工是从校长的言谈举止中来感受他的人格魅力,为他的人格魅力所折服。当然聪明智慧和卓越才能也是很重要的。

(二)做到真心实意和公平公正

校长一定要真心诚意团结对待全校每一位教职工。不偏不向,不亲不疏,不和教职工动心眼,不故意整治人。

(三)开掘知人善任的用人智慧

校长要善于发现和调动每一个教职工的智慧和才能。校长要深入细致了解每一位教职工,对每一位教职工的情况了如指掌。要善于发现每一位教职工的闪光点和聪明才智。要让每一个教职工都能得到适合自己的工作岗位,要为教职工提供展示智慧和才能的舞台,让每一位教职工的智慧和才能都能得到尽情地展示和发挥。还要真心实意帮助每一位教职工从思想上、政治上、文化上、学历上、业务上、个人素质上不断提高自己。

（四）开展深入细致的思想工作

学校思想工作的根本任务有两点：一是塑造全校教职工的灵魂。坚持用马列主义、毛泽东思想、邓小平理论和先进文化教育教职工，塑造教职工，占领学校思想文化阵地。这是最重要的也是最根本、最基础的。二是统一全校教职工的思想。努力把全校教职工的思想统一到跟着校长努力办好学上来。为此校长重视工作前的思想发动工作，要讲清道理，要用简明扼要的语言来明确工作任务，还要提出鼓舞人心的行动口号。

（五）促成卓有成效的工作成绩

让教职工看到学校的工作成绩，看到自己辛辛苦苦的工作没有白费力气，这可以提高和增强教职工继续搞好工作的热情和信心。为此校长要认真搞好工作总结，要实事求是理直气壮地宣传学校的工作成绩。让全体教职工、上级领导、学生家长和社会各界都能及时了解学校的工作成绩。让自己学校的工作成绩得到上级领导、学生家长和社会的认可，从而提高自己的办学声誉。

（六）提供尽可能多的物质待遇

校长要在自己力所能及的情况下尽可能多为教职工增加工资、补贴。要采取切实有效的措施给老师送温暖、送快乐。这一点校长一定要高度重视，尽心尽力。不求最高，但求更好。

（七）建立赏罚分明的奖惩制度

校长一定要敢于奖励、敢于处罚。奖勤罚懒，奖优罚劣，使全体教职工从奖罚中知道了应当怎么样做、不应当怎么样做，明确了今后努力的方向，感到了工作的压力。但是大胆奖罚也要恰如其分，要讲究策略。要给每一位教职工提供经过努力都能获得奖励的机会，这才是奖罚的真谛。

（八）建立起严格的岗位责任制

岗位责任制，就是明确全校每一项工作的工作目标、任务要求、方法步骤，明确全校每一个教职工的工作职责。让全校每一个教职工知道在自己的工作岗位上,自己应当干什么、怎么样干,这样才能让教职工干起工作来有章可循。

(九)进行优胜劣汰的人才管理

校长要解放思想,勇于实行动态的人事管理,要敢于实行优胜劣汰的岗位聘任制度。要不折不扣地落实岗位责任制,就要建立公正公平科学的、切实可行的评价机制,要让下岗的教职工心服口服。让全体教职工知道自己应当怎么样做,不应当怎么样做。还要建立下岗人员的待岗机制,让待岗人员学习提高,总结反思,并随时准备上岗。

二、校长要善于选干部

(一)选干部要掌握标准

德才兼备是校长选干部的基本标准。应当特别强调如下几点:一定要有强烈的事业心、责任感、上进心;一定要有较强的业务能力,最好精通一两门学科的教学或一两项学校工作;一定要有很强的组织能力;一定要有较强的思考研究习惯和能力;一定要有较强的合作意识和能力;一定要有坚持不懈的奋斗精神;一定要有密切联系群众的意识和作风;一定要适应本校工作和组班子的需要。在德才兼备的大前提下,依照以上重点标准就能选择出理想的干部。

(二)选干部要理智冷静

不能以个人好恶来选干部。不能只从那些所谓忠于自己、和自己关系好的人中选干部,也不能只从那些和自己意见永远一致的人中选干部,就是选用这样的人也要严格按标准办事。

(三)选干部要坚持科学的思想方法

要正确认识待选干部的个性,正确认识待选干部的缺点,金无足赤,人无完人。不能要求待选干部没有个性、没有缺点。只要他的个性、缺点不影响今后的工作或能在今后的工作中改正,就应该大胆选拔。

(四)选干部要充分听取干部群众的意见

选干部要深入考察,不能被表面现象所迷惑。不仅要听其言,还要观其行,更要知其心。考察要有一个过程。待选干部是生活在广大干部群众之中,他们和干部群众的接触是最直接的,因此干部群众对他们的了解也就最直接、最具体。另外广大干部群众因为立场观点不尽相同,利益冲突不尽相同,观察问题的角度不尽相同,因此对待选干部的看法肯定也会不尽相同。因此我们充分听取干部群众意见,可以使我们获得对待选干部更为深入更为全面的了解。

三、校长要善于组班子

校长在组班子时一定要讲究结构和谐。

1. 政治结构和谐:班子所有成员要能做到坚定不移接受党的领导,自觉贯彻党的路线方针政策,完成党交给的各项任务;紧紧团结在学校党支部周围,自觉服从校长的领导,积极主动搞好自己的工作;相互之间真诚相待,团结一致。

2. 业务结构和谐:班子成员要包含精通各类业务的人才,要包含精通各种本领的人才。

3. 性格结构和谐:班子成员在气质性格上要和谐相融互补,要尽量涵盖各种气质性格的人。

4. 年龄结构和谐:班子成员在年龄上要做到老中青相结合。

四、校长要擅长用干部

小学校长一定要善于依靠和使用干部来领导管理学校,要具备依靠和驾驭领导班子、领导管理学校工作的意识和能力。这应该是小学校长的基本素养之一。校长使用干部要注意以下几点:

1. 校长使用干部就要在领导班子内部坚决实行领导干部分工负责制,让所有干部有职有权,让所有干部敢于也能够对自己主管的工作自主决策、自主计划、自主组织实施、自主总结表彰,遇到事情自主决断。

2. 校长使用干部就要完全信任干部的忠心与能力。要真诚信任、真心对待干部。要用人不疑,疑人不用。要大胆放手让干部领导管理,让自己的下属学会领导与管理,校长的领导才能进入最理想的领导境界。

3.校长使用干部要大度,不能有私心。校长要有自信,坚信只要自己是一个好的校长,就谁也抢不了你的功。因为学校任何一个人的业绩都是校长的荣耀。

4.校长在依靠和使用干部来领导管理学校工作的过程中,要能诿功揽过,而不能诿过揽功。工作搞好了出了成绩,要多想下属干部的功劳。工作出了问题,自己要主动承担责任,不要把责任都推给自己的下属。

5.校长使用干部要加强对干部工作的领导与管理。校长要大胆使用干部,也要对干部工作加强领导、指导和管理。为此要建立必要的机制。例如应建立干部的岗位责任制、干部的评价和奖惩制、干部的分工负责制等。

第二节　诚信至善　团结为先

当校长应该有一个最基本的素养,那就是会团结人。一名优秀的校长在长期的工作实践中应会形成如下认识:

一、要团结好自己手下的每一位教职员工

这里说的是每一个人,是指所有的人。每一个人既包括对工作勤勤恳恳、兢兢业业、表现优异的骨干,也包括一般群众,也包括有缺点的同事,就是那些有明显问题的同事也应包括在内。每一个人既包括和自己关系较好的同事,也包括和自己关系一般的同事,还包括和自己关系暂时不怎么融洽的同事,还包括曾经反对过自己的同事。每一个人既包括佩服自己、尊重自己、对自己言听计从的同事,也包括暂时不怎么佩服自己、对自己有看法、和自己思想上有隔阂的同事。

这是教育工作的需要。因为用马列主义、毛泽东思想、邓小平理论和先进文化团结、教育、塑造每一个人,是党和人民赋予校长的神圣责任。团结学校每一个教职工共同搞好学校工作是教育事业赋予校长的神圣职责。丢下哪位同志都是校长的失职,都是校长工作没做好的表

现。因为一个学校,一个单位,一个部门,有一个同志的工作搞不好,整体就会受到影响。为了搞好学校的工作,一名优秀的小学校长必须团结好每一个人。这是检验一个校长胸襟是否坦荡的试金石。如果一个校长,一心为了党的事业,一心为了工作,那他就没有理由拒绝团结每一个人。对任何一位同志心存芥蒂,不想团结,都是个人私心作祟的结果。

二、要对自己手下的每一位教职员工有发自内心的真诚

(一)要真诚相待,互相理解

1.要全面客观辩证地看待每一个同志,既要看到同志的缺点、毛病,也要看到同志的优点、闪光点。既要看到昨日的失误,也要看到今天的进步。不能因个人好恶,就好的绝对好,坏的绝对坏。

2.要设身处地地为每一个同志着想,要诚心诚意地帮助同志解决问题、帮助同志进步,不能光站在一边指手画脚地挑毛病。

3.要真诚地希望每个同志好,不能嫉贤妒能,不能排除异己,更不能报复。

(二)要坦诚相待,开诚布公

1.要敢于说真心话,肯于说真心话。好话、表扬的话敢说肯说,批评的话也要敢说肯说,坦坦荡荡地说。好话、表扬的话要听,批评的话、不中听的话也要听,要诚心诚意地听。

2.对外人要极力夸赞自己学校的教职工,而不能向外人数落自己学校教职工的毛病。就是对上级领导最好也要这样做。对外人、对上级老数落自己学校教职工的毛病,实际是在推卸自己的责任,掩盖自己的无能。

(三)要热诚相待,互相关心,互相体贴,互相爱护,互相帮助

1.对教职员工们心里要有火一般的热情。既要关心他们的思想、工作,也要关心同志的生活和疾苦。要在他们遇到难处时,主动伸出热诚之手,给以真诚的帮助,要在他们有了思想负担时,奉上滚烫的心,温暖他们的心。

2.要把学校的每一个教职工当成自己的兄弟姐妹、长辈和晚辈。要想他们所想,急他们所急,喜他们所喜,忧他们所忧。要为他们的成绩和进步而兴奋,要为他们的困难与挫折而焦虑,要为他们的缺点错误而痛心、惋惜、焦虑。

三、正确对待有缺点错误的同志

1.身为校长要牢记毛泽东的一句老话:既要弄清思想,又要团结同志。对同志的错误要头脑清醒,立场坚定,是非分明,要敢于理直气壮地批评,敢于理直气壮地制止,敢于教育,善于教育。如果做不到这一点,碍于情面不敢批评,不敢制止,不敢教育,那就是丢失了共产党的政治思想阵地,那就会导致学校思想混乱,也会影响学校的工作秩序。实际上也是对这些同志不关心、不负责的表现,最终会害了这些同志。

2.批评制止同志的错误,要坚持对事不对人的原则。对有错误的同志,既要清醒地看到他们的毛病,又要真诚团结他们,热诚地帮助他们改正错误。要用真心、真诚和是非分明严肃认真的态度,去团结他们,教育他们,感化他们。要能发现他们身上的闪光点,要充分发挥他们的长处,调动他们的积极因素,减弱他们的消极因素。

3.对有缺点错误的同志,在批评教育过程中,应允许他们有一个改正缺点错误的过程,应允许他们有反复。不能希冀一蹴而就,一劳永逸。

四、正确对待来自教职工中的不同意见和反对意见

在日常生活和工作中,对事情的认识和处理有不同意见,这是正常现象。每个人的思想境界不同,利害关系不同,实践范围不同,实践过程不同,认识角度不同,认识水平不同,其对事情的认识和处理意见不可能完全一致。因此在日常生活和工作中,有不同意见、反对意见是正常的,是真实的。要想正确对待教职工的不同意见和反对意见一定要做到如下几点:

1.校长在对待不同意见和反对意见时,要出以公心,以革命利益为

重,以教育事业为重,以学校工作为重。为了事业和工作什么样的意见都应该能够正确认识和对待。不能因为不同意见、反对意见扫了面子,触犯了尊严,就不高兴,就不以为然,就心存芥蒂,心里记恨人家,甚至给人家脸子看、大发雷霆。这是当校长的大忌。

2.小学校长要在学校创造一种氛围,建立一个机制,让同志们敢于提出自己的意见,敢于提出不同意见、反对意见。以敢于提出自己的意见、不同意见、反对意见为荣,为职责和本分。

3.要认真倾听、对待和客观分析群众的意见。不能主观武断地认为群众的意见、不同意见、反对意见是错误的,是个人之见。要清醒地认识,群众的意见、不同意见、反对意见可能是正确的,而自己的意见也可能是错误的。要清醒地认识,即或群众的意见是错误的,它也可能存在对学校工作有利有好处的积极的因素,校长一定要认真正确对待。

五、正确认识来自下面的反映和汇报

对来自下面的反映和汇报要认真听,要听清,听全,听明白。要认真分析,要弄清反映人的真实心理,真实动机,要弄清事实的真相,要弄清事情的前因后果,来龙去脉,要弄清事情的矛盾冲突和利害关系。不能一听就信,一听就表态,更不能一听就怒,就暴跳如雷。

六、无私无求,正确履行义务

有荣誉首先想到群众,有了危难冲在前面,有了困难带领群众克服,有了问题带领群众解决,有了责任主动承担。绝不能有了荣誉独占,有了好处独吞,而有了危难比谁逃得都快,有了问题和困难躲着走,有了责任上推下卸,这样的人即便身为校长,多半也不会有所作为。

案例分析:

两个新来的老师来到学校,看到学校的住宿条件很差,心里不太舒服。某一天,他们找到校长说是在学校住不方便(说不方便,是委婉的说辞,应该是条件很差),所以提出了希望能够在外面租间房,看看学校能

否帮助解决些问题。校长听了,想了半天,最后还是说:你们去找分管后勤的老师吧。他们俩很不高兴地走了,把校长的意思告诉了分管后勤的老师。校长和分管后勤的老师商量后,事情很快地就得到了解决,并且校长通知分管后勤的老师学校可以帮助新来的教师解决一切困难,分管后勤的老师答应了他们所提出的一切条件。

案例启示:

这个案例是很简单的一个事情,却能够说明很大的问题。校长在处理这个问题上考虑到了多方面。一方面校长考虑到了校长的权力不能过死过紧,要真正地下放权力,给自己的下属。另一方面考虑到自己的下属要有教师的尊重和信任,那么学校的工作也就会自然走上新的台阶。校长要尽可能地和教师保持一定的距离,其他领导能够做的,校长就不要去做。案例中的事情,绝非除了校长就做不到。所以在案例中校长与前来请示的后勤领导并且找来其他的领导,共同研究,然后做出决定,再由请示的领导去安排。这样既能够解决新来教师的吃住的问题,也能够帮助自己的下属领导在新来的教师面前建立威信,为学校以后的工作开展,会带来极大地促动。校长要充分地信任自己的下属领导,给他们以信任,会更好地调动其工作的积极性与主动性。

校长应该是一个学校的统帅,是灵魂,是工作的筹划者,而不是具体工作的执行者。如果什么事情都必须自己来做,那么校长还要那些下属人员做什么呢?况且一个人的精力和能力毕竟还是有限的。校长应该是学校工作的核心,凝聚着其他领导,也凝聚着全体教师,为着一个美好的共同愿望而工作。校长要真正地明确自己下属领导的各自职责,要清楚各部门间的关系。这样,在统筹工作时,在批发文件、安排工作时,就不会弄得乱糟糟的,明明是教导处的工作,安排给了后勤;而明明是团队的工作,却安排给了工会。最终,弄得部门间的领导有分歧,闹矛盾,导致学校工作滞后怠慢,拥堵了领导与教师工作的热情与活力。领导是一门艺术,管理也是一门艺术。作为领导者不能不用心来学习啊!

第三节　物尽其用　人尽其才

校长的用人之道,就是要以物尽其用、人尽其才为原则,使得各方协调配合、各司其职,促进小学管理的现代化。以下便是各部门各职位的工作职责:

一、校长工作职责

1.全面贯彻执行党和国家的教育方针,坚持社会主义办学方向,努力培养德、智、体全面发展的社会主义事业的建设者和接班人。

2.制定学校各项管理制度,人人有章可循,确保学校各项工作有秩序地进行,实现学校制度管理与人文管理的最佳结合。

3.全面主持管理学校的教育、教学等各方面工作,并统一协调和推动各部门的工作的开展。

4.组织制定学校的发展规划,拟订学年、学期工作计划,定期检查工作计划的执行情况,认真总结学期、学年工作,提出改进学校工作的意见。

5.领导和组织德育工作,把德育放在首位,坚持教书育人、管理育人、环境育人、服务育人的工作方针,采取切实措施,坚持不懈地加强对学生的思想、政治、品德教育。

6.坚持学校工作以教学为主,按照国家规定的教学计划、课程标准,开齐各门功课。遵循教学规律组织教学,建立和完善教学管理制度,搞好教学常规管理。深入教学第一线,正确指导教师进行教学活动,努力提高教学质量。

7.领导和组织体育、卫生、美育、劳动教育工作及课外教育活动。确保学校体育、卫生、美育、劳动教育及课外活动生动活泼、有成效地开展。

8.发挥学校教育的主导作用,努力促进学校教育、家庭教育、社会教育的协调一致,相互配合,形成良好的育人环境。

二、党支部书记职责

1. 负责召集支委会和支部党员大会,结合本单位的具体情况,认真传达,贯彻执行党的路线、方针、政策和上级的决议、指示。执行党的教育方针,坚持社会主义办学方向。研究安排支部工作。

2. 了解掌握党员的思想、工作和学习情况,发现问题及时解决,做经常性的思想政治工作。

3. 检查支部的工作计划、决议的执行情况,对出现的问题,及时向支部委员会、党员大会和上级党组织报告,以便做出相应决策和对策。

4. 经常与支部委员和同级行政负责人保持密切联系,交流情况,支持他们工作,协调学校内部党、政、工、青、妇、队的关系,充分调动各方面的积极性。

5. 抓好支委会学习,按时召开支委民主生活会,加强团结,搞好一班人的自身建设,充分发挥支委会的集体领导作用和战斗堡垒作用。

三、副校长职责

1. 协助校长全面贯彻党的教育方针,执行党的方针政策,不断提高教学质量。

2. 从学校实际出发,按照教学工作计划,布置各阶段的教学任务,全面落实教学工作的各项指标。

3. 坚持以教学为主的原则,集中精力抓教学。指导制定检查教务处、教研组的教学计划,年级组工作。征求师生对教育教学的意见;分析教学情况,发现、解决教育教学中出现的问题。

4. 抓好教师业务及技能训练,实现教学良性循环。鼓励教师进行继续教育,培养教育教学骨干带头人。

5. 搞好教育理论指导下的教改实验,及时引进外地教改信息,提出教改方案和总结教改成果。

6. 抓好信息技术、科技、艺术、体育、综合实践和卫生保健工作。

四、少先队大队辅导员职责

1. 指导大队委员会制定远期发展规划,拟订近期工作计划,督促和帮助大队圆满完成计划。

2. 通过中队辅导员经常了解少先队员的思想、学习、工作、健康、生活情况,对日常的少先队的教育工作提出建设性意见。

3. 做好大队干部的培养工作,帮助大队干部提高各方面能力。

4. 指导中队辅导员的工作,定期召开中队辅导员会议,传达上一级队组织的工作精神,部署全大队工作。组织中队辅导员开展经验交流、理论研究等活动,帮助各中队建设出主意、想办法。

5. 自觉地接受总局、分局、地区少工委和学校党支部领导。

五、政教主任职责

1. 政教主任在书记直接领导下,认真贯彻党的各项方针、政策,实事求是,坚持原则,办事公正,严守机密,关心群众生活。

2. 负责学生的思想政治教育工作,经常与有关人员研究思想政治工作的要求、内容、方法等。积极指导与帮助共青团、少先队、学生会开展工作。

3. 抓好班主任工作,审查、批准班主任工作计划,定期召开班主任工作会议;加强对学生思想、学习、劳动、生活的管理;帮助班主任总结经验,改进工作,提高班主任管理班级水平。

4. 组织和安排全校性的德育活动,如主题班会、思想教育报告会、家长会、评选"三好学生",表扬奖励优秀学生,批评和处分犯错误的学生。

5. 做好学生的"两操"要求及检查工作。

6. 兼管部分保卫工作。

7. 负责完成学校交给的各项临时性工作。

六、教务主任职责

1. 主持教务处的日常行政工作,组织学生入学(报到、注册)、编班、排课、调课、安排代课、制定教学工作计划,协助校长安排校历和作息时间,管理学生学籍,积累教学资料,检查教育教学工作。

2.领导教研组工作。定期召开教研组长会议,组织教师学习教学计划和教学大纲,审查批准各组的教研工作计划,建立并执行教学责任制,深入教学第一线,通过听课、评课、检查教案,了解教学实施情况,沟通师生间对于教与学的意见,帮助教师认真抓好"双基"教学,努力提高教学质量,建立教师业务档案,组织教师业务进修,提高教学水平。并协助校长安排教师教学工作。

3.定期召开班主任及各科代表会议。及时了解学生学习状况及任课教师状况。

4.组织和安排全校性的教学教研活动,如公开课、教改实验、课外科技。

5.组织安排考试和学生升学毕业工作。做好命题、监考、阅卷、评分、总结等工作。

6.完成好校长临时性的指定任务。

七、班主任职责

1.负责落实《小学生守则》《小学生规范》和学校规章制度,制定本班工作计划,做好总结,定期向组长、主任汇报工作。

2.加强班委会、少先队组织的建设,培养一支强有力的学生干部队伍,协助班主任完成一定的工作任务。

3.抓好班风建设,教育学生讲文明,有礼貌,尊敬师长,团结同学,爱护公物,热爱劳动,遵守校规和社会秩序,形成一个遵守纪律,团结向上,勤奋学习,朝气蓬勃的班集体。

4.树立良好的学风,教育学生明确学习目的,注重学习方法,勤奋好学,无旷课、迟到、早退,课堂和自习均能认真学习,按时独立完成作业。考试不作弊,纪律好,自制力和自学能力强,学习成绩优良。

5.坚持面向全体学生,与任课老师和家长共同抓好学生的思想德育教育。做好学校与家长的双向联系,关心学生的成长与进步。

6.增强法制观念,教育学生知法,不违法。对后进学生,坚持正面诱导,切忌简单粗暴,做好转化工作。

7.关心学生的身心健康,组织好班级的升旗、周会、两操和第二课堂活动,使学生的思想情操得到陶冶、升华,身体得到锻炼。

8.负责评定学生的操行,填写学生档案,提供奖惩意见,组织开展纪律好、学风好、卫生好的班级创优活动。

八、生活教师职责

1.生活教师要关心爱护每一个学生,树立全心全意为学生服务的思想,学校实行24小时封闭管理,学生在校期间不得随意离校。

2.负责整理舍务内务,按时打扫卫生。

3.负责学生早操、就餐、睡眠、就医等,组织学生课余活动。

4.做好接送学生离校、返校和接待家长来访工作。

5.维护舍务纪律,做好住校生的管理工作,严防外来人员私自入舍。

6.生活教师实行分班上岗,要按时到岗,并如实做好交接班记录。

7.认真记载好舍务工作日记。

8.做好公共物品和学生物品的保管工作。

9.生活教师要起到表率作用,衣着整洁,语言文明,讲究卫生。

10.生活教师要负责安全工作,防火、防电、防事故,确保学生人身安全。

九、实验室管理员职责

1.熟悉仪器的分类、编号、规格、性能、用途和使用方法。

2.做好仪器的入库、造册、登记、借出、回收和定期清点,做到账、卡、物相符。

3.掌握保管的技术要求和陈列原则,进行科学管理。

4.协助教师、实验员准备实验。

5. 及时登记,处理仪器损坏事故。

6. 切实做好仪器室的防火、防盗、防腐、防冻、防碎工作。

7. 熟悉仪器配备工作标准,实验室概况和仪器装备情况,做好仪器申购计划。

8. 能进行一般维修工作。

十、校医工作职责

1. 做好学校卫生防病工作,采取多种形式宣传卫生知识。

2. 加强传染病的管理工作,做到计划免疫,按时预防接种,预防和控制传染病的发生和流行。

3. 做好学生中常见病多发病慢性病的防治工作。

4. 定期对学生体检,建立健康卡片。

5. 制定学生视力保护计划,并做好技术指导工作。

6. 发现疾病及时进行治疗,重病号及时送医院治疗。

7. 监督学生的环境卫生、饮食卫生和体育卫生工作。

8. 严格执行治疗收费标准,开药处置要有记录,收款有凭证,收费及时入账。

9. 按照标准化要求搞好卫生室的建设。

10. 兼任学校的健康课教学工作(按教师要求备课、上课)。

十一、门卫工作职责

1. 负责学校门岗保卫工作,严格遵守会客制度,严禁社会青年进入校园,禁止闲杂人员、商贩等进入校园教学区影响教学。

2. 对因公来访的同志和学生家长,要热情接待,认真登记。

3. 师生员工和家属携带行李或重大物品出校,必须问明情况或持有关人员证明,否则不准放行。

4. 及时收发报刊杂志和信件,传递电话。

5. 严格按作息时间打铃。

6.认真清扫卫生责任区,保持责任区整洁。

7.接受监督检查,保证对教学楼、校园的安全检查工作,做好防火、防盗工作,发现情况及时汇报。

十二、更夫岗位职责

1.按时上下班,工作时间内要保证巡视,不得离岗。

2.注意防火,发现火情及时报告并通知消防队。

3.及时锁大门,注意防盗,重点保卫办公楼、食堂、宿舍、仓库等,发生物品被盗要照价赔偿。保护体育设施,避免遭到破坏。

4.奉公守法,不徇私情,敢于同坏人坏事作斗争。

5.早晨注意清扫责任区卫生,及时浇灌花草树木。

6.认真保护好走廊图板的完好无损。

十三、微机室管理人员职责

1.管理人员要有高度的事业心和责任感,努力学习专业知识,熟悉计算机的构造、功能及工作原理。研究和改进管理方法,发挥计算机在教学中的作用。

2.认真执行微机室管理制度和计算机教学计划,牢固树立为教学服务的思想。

3.积极参加计算机教学与教研活动,培养学生熟练运用计算机的能力。

4.微机室是学校的重要教学阵地,严格控制非教学人员进入。教育学生进入微机室要有秩序,保持安静,自觉遵守微机室管理使用制度。

5.要经常保持微机室的整洁,定期对微机进行保养维护,保持良好的工作性能。

6.开机前要认真检查计算机设备,使用时严格按操作规程进行,使用完后及时关机。

7.做好微机使用记录,如有损坏或故障,及时申报领导处理。

案例分析：

李校长是一位受人尊敬的老校长，他工作勤勤恳恳，兢兢业业，从早干到晚，总是有忙不完的事情。随着年事增高，他感到再像以前那么干已经吃不消了。最近，他和学校领导班子作了商议，明确了各自的分工，于是大家发现李校长变了。他照样深入教学第一线，照样关心学校工作，但是对如何解决工作中的问题他一般很少直接表态。无论谁向他反映问题，他不是说："这事归主管副校长负责，你去找他解决。"就是说："这是教导主任职责范围的事务，应该由他负责。"学校的教职工不免议论纷纷，认为李校长有职无权。而李校长却自有一番道理："我是既有职又有权，学校的重大问题在行政会议讨论决定，这种会议是我主持的，各项决定我也是同意的。这就是权嘛！至于执行过程中的具体问题和工作，我们领导班子是有分工的。我不能随便表态。何况有时我不在学校，有些临时变化的情况没有及时掌管，可能分管的同志已经表态了，我再说一说，两个人不一样，那么下面的同志听谁的话好呢？"对李校长的解释，仍然有人搞不通，认为领导班子也要以校长的意见为主，校长说了算，领导意见不一致也应该听校长的。李校长意识到在校长用权的问题上，一些教职工存在着不同的看法。于是他向教职工谈了他的"用权之道"：有章可循的事，谁说了都算数。学校中的大小事情，如果都由校长决定，这是个人专权的表现。校长的职责在于为他所应为，而不为他所不应为。校长应为之事一是办学的方针思想，一是抓教学人事安排。校长的"无为"，是否会被架空了呢？李校长接着说："样样事抓在自己手中，看起来权大，实际上是放掉了大权，校长如果不让权给分管干部，只能成为光杆司令。"

案例启示：

李校长的"用权之道"还是具有一定普遍意义的。案例中提到"李校长照样深入教学第一线，照样关心学校工作"，这说明李校长并不是"无为"，案例中也说了李校长对于具体问题的解决不直接表态，这说明李校长并不是完全放手，他还是在管，而只是转换了工作方式。校长本身就是一个学校方针思想的决策者、领头羊,凡事都要校长亲历亲为,既不能提高办事的效率,也不能提高各部门的工作积极性,更容易造成校长专权的现象。李校长的做法并不是放权而是松权,所以小学校长们应该学习李校长的用权之道。李校长的用权之道不具有普遍性,但具有普及意义。正是这种不普遍性才使得李校长的用权之道具有普及意义。一方面现在校长很多都是抓着权力不放手,下级无所作为,校长专权,校长说什么就是什么。李校长的做法很好地控制了自己与下级部分权力的分配,也很好地利用了人力资源。一个人的精力是有限的,不管他能力有多大。一所学校的事务都由校长一个人全权处理,则处理的质量肯定要下降。通常学校是一个系统的机构,各项事务有专门的部门负责,事情都让校长做了,那部门中的人就空闲了,就算有精力,有想法,也都被埋没了,不利于人力资源的培养和利用。校长一人掌权,又不作为的现象很普遍。这样的学校各级部门不能通力合作,教师教学工作不积极,校长的不作为使得各级部门和教师都跟着不作为,这对于整个学校的教学运行、行政运作都会产生很大的消极作用。另一方面校长放权什么都不管不问坐享清闲,这肯定更不行,那样会纵容下级部门为所欲为,秩序混乱。而且李校长的放也是有原则、有限度的,案例中提到对于教职工所反映的问题,李校长不会直接给予明确答复。这样就是一个明智的领导者,用人不疑、疑人不用,但又不会放任其自由操作。事情是由各部门做,但最后决策的人还是李校长。综上所述,李校长采取的政策既不会造成专权,也不是完全放权,是一种新形式的高效的管理学校、发展学校的用权方法。之所以会引起部分人的不满意,但这并不是李校长的管理方法有问题,而是李校长的用权之道有别于其他校长或者说有别于以前的管理模式,只是那部分人的不适应。相反,李校长的用权之道是新时期应该加以普及的教育管理模式和方法。

第五讲　全面周到
切实做好学生管理工作

　　在教育中,一切都应以教育者的人格为基础,因为只有人格才能影响人格,只有人格才能形成性格。

——乌申斯基

　　进入 21 世纪,中国的教育正经历着一场巨大变革,特别是小学基础教育的变革更为激烈,其主要体现在以创新精神为核心的素质教育上。有人说:"只有创新,才能生存,只有创新,明天才会更美好。"由此可见,创新是教育改革尤其是小学基础教育改革的有效途径。所谓创新教育,是指以新的教育思想、教育观念为指导,采用现代教育技术和信息手段,培养学生学会学习和创造,还指具有创新精神、创新意识、创新人格为宗旨的教育。其核心是在普及九年制义务教育的基础上,在全面实施素质教育的过程中,为迎接知识经济时代的挑战,着重研究与解决在基础教育领域如何培养中小学生的创新意识、创新精神和创新能力的问题。最大特点是创造性,涵盖观念的创新、内容的创新、方法的创新和学习的创新等方面。主体形式创新是教育的另一个突出的特点。学生是创新教育中的唯一主题,因此必须充分尊重学生的主体地位。创新人才的培养最终也要落实到学生这个主体上。小学教育是一个人终生教育的启蒙阶段,对人一生知识的积累、处理问题的方式和人格的形成都具有举足轻重的作用。因此,我们要在这一时期切实做好学生的管理工作,促进他们的全面发展。

第一节　素质教育　促进小学生德智体美劳全面发展

要想促进学生们全面发展,就必须大力推展素质教育,促进他们的德智体美劳全面提高。推进素质教育进程需要注意以下几个方面:

一、指导思想

以邓小平的"三个面向"和江泽民"三个代表思想"为指南,以《中华人民共和国教育法》和《中国教育改革和发展纲要》为依据,以转变教育思想、更新教育观念为前提,以建设一支高素质的教育队伍为根本,以建立有效的评估机制为关键,以优化教育教学过程为核心,全面贯彻党的教育方针。围绕素质教育这个中心,进一步规范学校的办学行为,强化教育教学和学校内部管理,全面提高教育教学质量,促进学生全面发展,并努力探究实施素质教育的途径和方法。

二、实施目标

(一)总体目标

全面贯彻国家的教育方针,着眼于受教育者和社会的长远发展需要,面向全体学生,促进学生在德、智、体等方面生动、活泼、主动地发展,注重培养他们的基础知识、基本能力和正确态度。使学生学会做人、学会求知、学会劳动、学会生活、学会健体、学会审美,为培养他们成为有理想、有道德、有文化、有纪律的社会主义公民奠定基础。

(二)具体目标

1.加强领导,健全机制。成立了以校长为组长,副校长、教导主任、总务主任、团队为成员的小学素质教育领导组。建立自我评估制度,分工负责,各司其职,团结一致、既分工又合作。班科任教师具体抓,做到教育教学工作事事有人抓、项项有人管、件件抓落实。

2.坚持以人为本,实现人本管理。学校办学水平的高低,关键在教师。学校一切的工作是每个教师的事。学校无小事,事事有教育;学校无闲人,人人都育人。努力造就一支思想过硬、业务精通、文明勤奋、为人师表的教师队伍。重视加强师德师风建设,引导教师进一步树立正确的人生观、价值观和育人观,忠于人民教育事业。加强学校民主建设,发挥团队的作用,努力实现质的飞跃。

3.严格执行计划,实行课程刚性化管理,开足开齐各门课程,扎实推进素质教育。切实转变教育观念,扎实推进课程改革,努力培养学生的创新精神和实践能力。切实加强体育、艺术、劳动、信息技术等综合实践活动。从个体教育入手,认真开展心理健康教育,培养学生良好的心理品质。积极进行考试评价制度改革。

4.积极多渠道筹集资金,努力改善办学条件。加快教育信息化、现代化步伐。开好信息技术教育课,普及信息技术的基础教育,继续着手抓好配套设备的管理与维护。

5.抓好创安、普法、行评工作,针对学校的实际情况,大力做好"创安、普法、行评"工作。加强对学校各重点要害部位安全工作的检查,整改存在问题,签订安全责任状,加强教育,提高学生自防、自教、自护的意识和能力,杜绝一切安全事故。认真开展普法教育,依法治校,依法办学。加强自律,切实抓好行风建设,把学校办成群众满意的教育。

三、实施措施

1.认真贯彻国家《课程方案》,保证学生全面发展。《课程方案》是国家管理教育教学的重要法规,是小学组织教育教学活动的基本依据。为全面贯彻教育方针,严格执行《国家课程方案》,促进学生全面发展,学校必须开全课程,开足课时,上好活动课,教导处要加大检查力度,任何教师不得随意调课或增减课时,从而建立起实施素质教育正常的教育教学秩序。

2.以减轻学生过重的课业负担为突破,确保实施素质教育。只有切实有效地减轻学生课业负担,才能真正实施素质教育。学生学习负担过重,身心健康会受到危害,阻碍素质教育的实施,为此学校应采取以下措施保证学生课业负担不沉重:

(1)严格把关学生用书。每学期学生用书征订自觉接受主管部门的审查,学生用书必须是国家教育部和省地级教育行政部门审查通过的并列入教学用书目录的教科书,未列入的一律不使用。

(2)严格控制学生在校活动时间总量,学生在校活动时间不超过六小时,不得在放学后留整班学生补课,让学生在轻松愉快的学习环境中学到知识,培养能力。

(3)严格控制各年级、各学科学生课外作业量,并尝试作业形式的改革,使学生对作业不再产生厌倦感。教导处负责对各学科学生作业及批改情况进行检查,凡发现布置作业超量,批改不认真者,要求其立即改正。明确要求除语文、数学、英语学科外不留课外书面作业。教师对学生作业全批全改,作好批改记录和分析,并对不同层次的学生有不同的作业要求。

(4)改革考试和评价方法。学校不以学生考试成绩作为唯一评价教师和学生的标准,要采取多种形式的教学测评方法与手段,实现书面考试与实际能力考查相结合,开卷和闭卷相结合,文化知识测试与动手能力相结合。

3.以课程改革精神为核心,加强学科课堂教学管理和研究,深化教学改革。课堂教学是学校教育的主渠道,是实施素质教育的重点和主阵地,为确保课堂教学质量,学校将采取以下措施:

(1)根据实际制定教学常规细则,并按照教学的要求,坚持每月进行一次教学常规检查,对教学纪律不强,对待教学态度不认真的教师进行严肃处理,以规范教师的教学行为。

（2）开展好集体备课，通过集体研究教材，集思广益，提高教师对教材的准确把握和灵活驾驭教材的能力，从而有效改进课堂教学。

（3）开展专题研讨等常规教研活动，切实把握新课程标准的精神，探索实施素质教育的途径。

4.努力开发校本课程，开展社会实践活动，培养学生创新意识和实践能力。为提高学生的创新与实践能力，应鼓励学生参与社会实践、课外兴趣小组等活动及校本课程的学习，把校本课和社会实践活动的开展推向实施素质教育的前沿。通过丰富多彩的活动，使学生扩大视野，增长知识，动手动脑，发展个性特长，增进学生身心健康。鼓励学生进行小发明、小创造、小制作等，培养学生的创新意识和创新能力。

5.以语文阅读教学和艺术教育为重点，加强学生的特长教育，探索学校特色教育。

（1）提高语文和艺术教师素质，奠定艺术教育和阅读教学的基础，对语文、音乐、美术教师提出重塑"教师形象"的要求，开展内练素质、外塑形象的训练。

（2）狠抓落实，保证特长教育到位，即制度、设备、人员、时间和内容等到位。

（3）加强艺术教育和阅读教学的教学常规管理课题研究，要求语文、音乐、美术等教师精心上好每一节课，向课堂四十分钟要质量，改革阅读和艺术教学，充分使用多媒体等现代教育技术，将器乐和形体教学引进课堂，积极尝试活动教学。

6.改造校园环境，改善办学条件，积极营造实施素质教育的良好氛围。学校应计划通过各种渠道筹集资金，用于绿化、美化校园，更新教育教学设备，建立计算机网络教室、校园网络以及双向控制闭路电视多媒体教学网。在添置现代教学设备的同时，学校加大对图书、实验以及实践活动等设备和场地的投入，保证素质教育实施必要的场所与设备。

第二节　用心聆听
时刻关注小学生心理动向

现代社会的发展,现代教育实践的发展,对于教育研究提出更新、更高的要求。小学校长需要深入研究的教育问题,不仅要结合教育学,还要结合心理学才能有所建树,才能做到得心应手。在近年来的教育教学中发现,学生的心理问题越来越成为教育工作者面临的首要问题。就我国现在的国情,如果学校不加强对学生心理的研究教育,使部分带有心理隐患的人流入社会,那么社会就将要面临许多问题,对国家的发展也是有百害而无一利的。许多小学在小学时代这样一个青少年心理走向成熟的关键时期,只重视对学生知识的传授,忽视对学生心理的探测及交流,使某些有心理障碍的学生难以树立正确的人生观,甚至有些学生的性格过度偏激,一些在进入社会之前就涉及刑事犯罪,或因心理不能承受外界环境的压力选择自杀,不但给社会造成危害,也给家庭和学校留下了永恒的创伤。可见,在现代小学教育中加强心理学教育是十分重要的,不但能使学生有一个适应生存环境的良好心态,还可使小学生在思想转型期更健康地成长,为社会将来提供一些心理高素质人才埋下伏笔,并对我们国家的稳定发展起到积极的作用。要想帮助学生们构建良好的心理氛围就必须做到提高自身敏感度,用心聆听,时刻关注他们的心理动向。

一、小学生产生心理障碍的现象及原因

在学校里,有许多小学生与常人大不一样,他们表面自尊,但内心自卑,愿意进取,但畏惧困难;有参与意识,但参与能力低下;有较强的自我实现欲望,但同时有消极的自我实现方式。这些学生产生了心理障碍,大都以自我为中心、自卑、孤僻、冷漠、妒忌、不满、不思进取、破罐子破摔等严重逆反心理。大部分学生的心理问题都是由于不良的社会生活环

境造成的。其主要原因有：

1. 家长过分溺爱。学生多数是独生子女，有些家庭条件好的，在家里被众星捧月似地宠着护着，拿在手里怕掉了，含在口里怕化了。这种学生，在学校自理能力差，对学习和生活中的挫折承受能力差，自尊心很强，但自信心差；喜欢表扬，但对批评却接受不了，甚至产生严重的挫折心理，厌倦学习，厌倦学校。

2. 平时的高压教育。当今社会竞争日趋激烈，人的心理负担愈加沉重，早成才、快成才、多成才的压力日益增大、家庭和学校都存在着功利主义倾向，使学生的学习充满功利主义。学校以分数和升学情况衡量学生；一些家长望子成龙、望女成凤心情迫切，学生除要完成学校的学习任务外，还要参加众多的补习班、兴趣班、特长班、外语班等学习，整天精神高度紧张，心理疲惫不堪，压力很大。从而造成孩子的孤僻冷漠，甚至对各种学习，对家长及学校都有逆反和仇视的心理。

3. 缺少关怀。主要发生在父母离异的单亲家庭或生活特别困难的学生。小孩遭受父母离异，心理受到打击，如果父母在孩子的抚养和教育方面处理不当，就会使孩子觉得不如别人，缺乏信心和同情心，心理受到挫伤，产生妒忌、不满、不公平等心理。

4. 自身缺陷。有个别学生长相不好看或身体残疾，别人讽刺、挖苦，使他们心理受到伤害，感到自己不被尊重、理解、信任、宽容，产生了羞愧、自卑、不思进取、委屈、失望、说谎、无助、失落、疏远、逆反心理等现象。

5. 缺乏生存教育。学生对生命的意义、生存的价值认识不清，产生错位。正是由于这种种原因，使学生产生不同程度的心理障碍。

二、关爱学生，及时进行心理疏导

(一)创造和谐的教育教学物质环境

给学生一片空气，让他们自由呼吸；给学生一块绿地，让他们栽花种草;给学生一片绘画壁,让他们自由描绘;给学生一片饲养园地,让他们感受动物的可爱。顺学生之天性,让他们快乐地成长。创设优美、安全、舒适的物质环境。如校园的户外场地富有变化,则具有激发小学生多种经验,诱发小学生多种活动行为的功能。在活动场内,设计丰富多彩的设备和材料,使处处充满绿色和生机。教室是小学生主要的活动空间,校长要力争使室内宽敞明亮,温馨舒适。所布置的内容随着教育目标、季节变化而变化。整洁优美的物质环境能唤起小学生对生活的热爱,陶冶小学生情操,充实小学生生活,激发小学生的求知欲,培养小学生的探索精神与生活情趣。

(二)创造和谐的教育教学精神环境

1.引导教师平等相待学生,跨越陈旧的"代沟"。在课程改革环境下,要求教师转变心态,改变以往居高临下的权威态度,以亲切的面孔,用平等、和谐的口吻与学生交流,缩短师生间的心灵距离。学生在这样一个人格得到尊重,情感得到理解,行为得到鼓励,努力得到肯定的氛围中,就能尽情释放自己潜在的创造能量,毫无顾虑地表达自己的思想感情,自然地表露出自己的困惑疑问。要做到这一点首先就要创设和谐轻松愉快的学习环境。

2.师生真诚相对,理解铸就成长。引导教师在学生面前必须表现一个真实的自我,用真诚的爱去对待每位学生,才能使学生感到真实、可信。

3.倾注真心真爱,促进感情内化。促进师生心理交融的基础是感性的交情,也是爱的投入。督促教师重视那些存在各种缺点的学生,多关心有心理障碍的学生。因为这些学生常常由于某些原因,心理上受到压抑,心理比较脆弱。当学生遇到不顺心的事时,就会产生不良情绪,并对学习和生活造成一定的影响。要想方设法地让这种消极的影响降到最小。督促教师深入了解学生,与学生沟通,进行谈心、交流,开导学生,倾听学生的内心情感,感知学生的内心世界,让教师以真诚的爱去关心、呵护每个学生,让学生的心灵得以寄托,让学生的情感得到倾诉,精神得到依靠。当学生需要关心、帮助时,应及时伸出援助之手帮助学生,使学生幼小的心灵得到鼓舞,让学生相信自己一定能行,逐步养成良好的心理品质。

案例分析:

学生基本情况:陆豪(化名),男,10岁,四年级学生。家庭情况:父母是工厂职工,家庭经济条件一般,父母忙于工作对他关注得比较少,全家人对其十分溺爱。个性特征:卫生情况极差,总喜欢把东西放到嘴里,特别喜欢把铅笔、橡皮、书本放进嘴里。喜欢做小动作,好动,很难静下来。喜欢表达自己,但总是不针对老师提的问题回答。人际关系紧张,总有人来告状他欺负别人。跟他谈话他总是露出一副不以为然的样子,好像在说:"那又怎样?"上课不太听讲,要么去招惹别人,要么自己做小动作,很少认真参与课堂的任何活动。

原因分析:由于父母及爷爷奶奶不太懂得教育方法,总是宠着,溺着,孩子间有什么小摩擦,总是会冲到学校里质问其他学生,一味地偏袒自己孩子,致使他形成以自我为中心的性格,不愿与他人好好沟通,且喜欢去招惹其他人,导致与其他同学的关系不是特别融洽。

案例启示:

这样的学生在日常教育中并不在少数,我们应该给予孩子更多的关怀和爱护,主动和他亲近做朋友。找到他感兴趣的话题,下课时尽量和他多谈话,谈谈他的兴趣、爱好以及他的生活。课余时间多和他的母亲多交流,使家庭和学校教育达成一致。在集体生活中,多鼓励他与其他同学交流和玩耍,多些机会让他参与集体活动,感受集体生活的快乐。尽力做到这些,通过一个学期的共同努力,该生一定会有很大的进步,慢慢引导他上课时认真听讲,减少他的小动作,鼓励他举手发言,逐渐提高他在同学间的地位。这样,他在今后的努力下才能有更大的进步!

附学生管理日常记录表格：

小学校长管理实践案例表

学校名称			学校类别	小学
校长姓名		职称	联系方式	
案例标题	有效沟通从关心学生成长入手		案例类别	学生管理
案例叙述	某校六年级学生梅某，男，来自于单亲家庭，平时家里无人看管，比较任性，经常欺负小同学，向其他学生索要零花钱。为此班主任多次批评教育该生，并和家长沟通，起到一定的效果。 　六年级学生赵某，男，性格内向，比较软弱，该生经常被梅某索要钱物，从不敢向老师及家长反映情况。一天，赵某家长觉得自己孩子要钱越来越多，产生怀疑，在家长的严厉追问下，赵某才说出实情，此时梅某已向其索要零花钱近四百元。赵某家长气愤找到班主任，班主任找到双方家长多次调解未果，赵某家长只好找校长解决。 　经了解，班主任只是从赔偿赵某钱财上进行调解，双方家长未达成共识。 　校长和赵某家长沟通如下： 　校长：从这件事中，你发现了孩子有什么弱点？ 　赵某家长：我家孩子很软弱。 　校长：你认为学校、家长应该怎样做来改变孩子的弱点？ 　家长：1. 班主任和家长多沟通。 　2. 培养他树立自信心，有话愿意和老师、家长、同学沟通。 　3. 家长要多关心孩子。 　校长：如果学校、老师、家长都这样做，你的孩子以后，乃至上初中、高中甚至走向社会，还会发生这样的事情吗？

	家长:至少减少了可能性。 　　校长:从这件事中孩子是受益最大的,得到了成长,学校也从中看到了对学生管理的不足,家长在教育孩子方面也存在问题,这些都不是用钱财来衡量的。我认为你用四百元钱买来孩子成长,很值。 　　校长:事情既然发生了,我们都要正确面对。我认为,你应该和班主任、任课教师沟通一下,共同教育好自己的孩子,这才是最主要的,不应该老在赔偿上兜圈子。 　　几经说服,家长理解了,不再纠缠。
校长对案例分析	在这件事情上,双方家长、班主任都有不可推卸的责任。这件事处理不当,必然会引起双方家长和学校的矛盾。在处理这件事上,落脚点是关键,如果把焦点放在索要钱物多少上,永远是说不清的官司。我们不妨换个角度来审视这件事,从关心学生成长角度去处理,家长容易接受。
提出问题与困惑	在学校日常工作管理中,领导与教师、教师与学生、教师与家长等沟通是必不可少的,如何进行有效沟通,值得我们去面对和思考。
填表说明	1.学校名称要填全称。 　　2.联系方式填校长手机以及办公电话。 　　3.案例标题自拟,突出关键词。 　　4.案例类别分为教学管理、德育管理、学生管理、总务管理、教育科研、法律法规、校园文化建设、师资队伍建设、班主任队伍建设等领域。

第三节 谨慎细致
加强小学生人身安全管理

　　小学生是国家的未来,祖国的希望。学校安全工作是全社会安全工作的一个十分重要的组成部分,可以说,它不仅关系到青少年学生能否安全、健康地成长,关系到千千万万个家庭的幸福安宁和社会稳定,而且关系到一个国家、一个民族的兴衰和长远发展。从这个角度上讲,加强小学生安全教育具有重要的现实意义和历史意义。灾难的发生对每个人来说,不分贫富贵贱,不论性别年龄。孩子、学子、工人、知识分子、人民公仆……无论咿呀学语,还是学富五车,无论幼小纤弱,还是身强力壮,如果缺少应有的警惕,不懂起码的安全常识,那么,危险一旦降临,本可能逃离的厄运,却都会在意料之外、客观之中发生了。值得我们思考的是,我们该如何不断地完善学校的保安体系,加强学生们的人身安全管理。

一、校园安全常见的事故

（一）不当活动事故

　　学生在课余时间相互追逐、戏耍、打闹时不掌握分寸和方式方法,使用石子、小刀、玩具等器械造成的伤害。

案例分析:

　　2005 年,某小学三年级学生李某午饭后来到学校教学楼三楼走廊上玩耍,他右脚跨在走廊栏杆上,不慎失手坠落至一楼,因头部严重受伤,经抢救无效死亡。李某坠落的教学楼系 1970 年修建,走廊栏杆高度 0.93 米。李某的父母李强、张英夫妇认为该栏杆没有达到建设部 1986 年颁布的《中小学校建筑设计规范》规定的 1.1 米之高度,遂起诉至县法院请求判令该小学赔偿全部损失。法院经审理做出如下判决:由被告小学赔偿原告李强、张英因李某之死的死亡补偿费、丧葬费、抢救费、误工费、交通费等合计 78493 元。

　　某小学二年级学生刘颖用扎头发的橡皮筋做了一个弹弓。一天课间休息时,刘颖邀上同班同学华小刚在草坪里射弹弓,他俩用弹弓上的橡皮筋夹住小石子,对着不远处的一个矿泉水瓶不停地射击。刘颖在射击时,华刚站在他的右前方对他进行指点中,射出的小石子竟击中华刚右眼。华刚受伤后,在医院住院治疗 26 天,花医疗费 3408 元。其伤情医院诊断为:外伤性白内障(右)、眼球视网膜挫伤。经鉴定,华刚构成七级伤残。由于华刚父母就儿子的损害赔偿问题与刘颖父母及学校争议较大,便起诉至法院要求刘颖父母和学校承担赔偿责任。法院判决被告刘颖父母承担主要责任,被告学校承担次要责任,原告自负一定责任。

　　案例启示:

　　安全隐患无处不在,如果这还不能唤起人们的重视,那么孩子们的健康成长就即将成为未来小学教育的最大难题。所以,现今现代化的小学教育应以安全工作为重中之重,从小就培养学生们的安全意识。小学校长更应该带头发现工作纰漏,亲力亲为地深入到安全工作的各个方面,切实保证学生们的人身安全。

　　(二)挤压、践踏事故

　　放学和下课时在楼道、门口等黑暗和狭窄的地方互相争先而造成的挤压、践踏等事故。学校楼房走廊栏杆的高度不符合要求,校园设深水池,体育设备不定期检查、维修、更换,有些危房在带病使用,校园设施老化。

　　(三)交通事故

　　每日数次往返于家庭、学校之间,以步行、自行车为基本交通方式的小学生,由于涉世浅,判断能力、行为支配能力低和心理生理素质未成熟等特点,极易诱发交通事故。

　　(四)体育活动事故

　　体育活动或体育课上不遵守纪律或注意力不集中,活动随意,体育器械使用不得要领而造成的伤害。

（五）劳动或社会实践事故

在劳动或社会实践中安全意识差，操作不熟练或不按要求操作而造成的伤害。

案例分析：

赵某刚满10岁的儿子小波在某小学读四年级。前不久，学校组织小波班上的同学到郊区野炊，小波在坡边拾柴时，脚下一滑，滚落至坡下，导致左肩关节脱位。小波共住院治疗近两个月，花医疗费6800多元。学校在支付了小波1000元医疗费后，以经费困难为由拒付。赵某认为小波是学校组织野炊时受伤的，所有损失应由学校承担，遂起诉至县法院要求依法解决。经法院调解，赵某与学校达成如下协议：小波摔伤所造成的各项损失，由学校负担80％，其余赵某自负。

案例启示：

学校在加强学生们的安全教育的同时，也应该适当地传授他们一些必要的生存、实践技能，还要培养他们谨慎细致的实践作风，这样可以将他们在今后的实践活动里的危险降低到最小。

（六）校园暴力事故

学校安全保卫制度不健全，防范措施不得力，学生受到校外不法之徒的侵害。哥们儿义气拉帮结伙，为小摩擦使用武力。盲目消费导致偷盗，不良交往拉人下水。少数教师的体罚行为。

案例分析：

小学五年级学生军军因迷恋上网已逃学两天。班主任唐老师了解实情后，利用自己上语文课的时候，罚军军站在讲台边。但军军站在那里并不老实，竟故意伸出舌头，左右摇晃脑袋，逗得下面的同学忍不住笑出声来。唐老师见状很是气愤，上前推了军军一把，导致军军摔倒在地，右手腕关节处移位，花医疗费3200多元，还不得不休学一年。经教育局调解处理，学校赔偿了军军致伤的全部损失。

案例启示：

其实,校园中还有许多来自素质不高的教师的"特殊暴力",校长在重视学生安全的同时,也应该重视加强教师素质的培养,让每一名教师都有一颗爱生之心,减少这种特殊暴力的发生。

（七）消防事故

学生取暖、用电、饮食不当而造成火灾、触电、中毒等事故。侥幸心理严重,导致老化的供电线路和设施仍在凑合着使用,消防器材不足,楼房过道设计不符合消防规定,消防知识缺乏,大多数师生不会使用灭火器,发生火情更不知如何处理,管理措施也很松懈。

（八）学生身体特殊事故

因学生特殊疾病、特殊身体素质、异常心理状态受到意外冲击而造成的伤害。

（九）自然灾害事故

学生自救自护能力差,遇到暴风雨、地震、洪水等自然灾害无法有效防卫造成的伤害。

（十）卫生事故

学校卫生管理重视不够,工作机制不健全,工作措施不落实,特别是农村学校食堂基础设施条件落后,卫生设施差等问题仍很突出,已成为学校突发公共卫生安全事件的隐患。

二、加强安全教育

安全教育人人有责,各教师从身边小事做起,预防为主,教育为主,发现危险苗头及时教育。校长要抓好安全工作,需要从以下几方面经常性地开展安全教育：

（一）加强安全教育提高学生的安全意识

每逢开学、放假前都要有针对性地对学生集中开展安全教育,强化学生安全意识。学校要通过专题讲座、知识竞赛、录像、安全手册、文化橱窗、广播、黑板报等多种形式,利用主题班会、少先队活动、活动课、学科渗透等途径,通过讲解和训练,对学生开展安全预防教育,使学生接受比较系统的安全知识和技能教育。

(二)增强学生处理紧急情况的能力

小学生总会遇到某些紧急情况。缺乏社会生活实践的机会是小学生不会正确应对危险的原因之一。因此,小学校长可以带领有关部门设计一些角色扮演、情景模拟来帮助幼儿掌握一些躲避、处理危险的简单方法,学会独立处理问题。学校组织学习安全教育工作管理制度,对校内易发事故类型、重点部位保护、工作薄弱环节、各类人员安全意识与安全技能等方面,开展深入全面的大检查,消除隐患,有针对性地、扎实地开展教育和防范工作。

三、加强安全管制监督

(一)严肃纪律

上学、放学不在路上逗留,及时到校或回家。中午、下午放学时排队出校门,任课老师或班主任要将学生送出校门。下午放学后,教育学生认真打扫卫生,按时离校。

(二)集会安全

广播操进出场时上下楼梯靠边走,课间、平时上下楼梯靠右行,安静快速,不奔跑、不推操。集会、集合须班主任、辅导员带队,值周教师维持秩序,防止楼梯口、过道等地拥挤。

(三)课间活动安全

不做有危险的活动。上下楼梯不奔跑,开展体育活动、课间游戏要到运动场。同学间开展室内活动要适当,不拿剪刀、钢笔、教棒、三角尺等坚硬物品做游戏。雨天路滑要小心,保证通道不拥挤。

(四)体育活动安全

不开展有危险的活动,剧烈活动前要做好准备活动。运动中发生损伤要尽快送校医室救治,并汇报教师。

（五）卫生安全

不吃不洁食物(如无证摊上的油炸品等),不喝生水,提倡自带开水。不围抢校外人员散发的宣传品、广告纸、优惠券等。打扫卫生时不要爬高或擦没有护栏危险的玻璃窗。

（六）用电安全

教给学生预防触电的知识。不湿手开关电器,接触插座。发现有电器损坏应及时报告班主任和总务处。

（七）校外活动安全

活动前教师要勘察路线,精心组织、落实带队教师职责。培养学生听从指挥、遵守纪律的习惯。学校每学期都应该对校车的安全保障、驾驶员资格等情况进行一次全面检查。

（八）交通安全

有确要骑车上学的学生,必须向学校打报告,并留校备案。教给学生必要的交通安全知识。注意上下学行路安全,年小路远的学生建议家长护送。乘车上学的学生要对学生进行安全教育,教给学生乘车知识、上下公交车方法。有校车的学校应每学期都对校车的安全保障、驾驶员资格等情况进行一次全面检查。

（九）消防安全

在适当的时候让学生学会正确操作消防设施。不玩火,不乱放烟花爆竹。出现火情及时报警,讲清少儿不能救火的原因。

（十）自护知识

上学期间遇陌生人寻找,应及时向班主任汇报,中途离校要征得班主任或相关任课教师同意。校外遭遇抢劫要智斗,先保证人身安全。发生危险要喊大人帮助。发生事故不隐瞒,及时向家长报告。不玩危险玩具,更不能将危险玩具带入校内。下雨天上下学注意安全,不在教室内、走廊上、楼梯过道上撑伞,以免因拥挤而戳伤身体。

(十一)校外安全

非在校学习期间,不得擅自到河边、建筑工地、公路上等危险地方逗留或玩耍。

综上所述,孩子是祖国的花朵与未来,他们的健康成长,与家庭幸福、社会稳定息息相关。小学生的安全问题很重要,安全教育更是重中之重,小学校长应时时刻刻把学生的安全放在心中,时刻不忘对学生进行安全教育,要坚持用制度规范各自的职责行为,恪尽职守,亲力亲为,坚持用机制管理校园的交通安全,内外结合,标本兼治。只有群防群治,加强管理,才能给广大的小学生创造一个安全、安宁、安心的学习环境。只有这样,才能保证学校工作的正常进行,才能保证让学生安心,家长放心。只有让学校、家庭、社会共同携手,才能为孩子打造一片安全的天空。

案例分析:

2012年5月16日17时50分,儋州市突降暴雨,位于那大镇交通北路大宝水泥厂附近的一水潭被暴雨冲毁塌方,三名学生被埋压,由于溺水时间长,虽经消防支队全力营救,但三名学生还是在水中不幸身亡。

事发后,儋州迅速启动应急机制,部署加强学校安全工作,开展事故调查,那大中心校校长陈业虎被撤职。据了解,当日下午,儋州市那大中心校六(3)班学生梁文华(男,13岁)、六(5)班蔡型解(男,15岁)、六(7)班李日新(男,14岁)、李岩亮(男,13岁)、陈逢琚(男,12岁)、陈后墙(男,14岁)、石宗炳(男,14岁)等七人结伴到该处的污水坑捉鱼,因当时天下暴雨,导致土方坍塌,造成6人被掩埋,三人互救,三人窒息死亡。死亡者分别是:六(3)班学生梁文华、六(5)班蔡型解、六(7)班李日新。事故发生后,学校立即启动应急预案,组织学校领导、老师奔赴现场,迅速配合相关部门开展抢救工作,并在第一时间向上级相关部门报告。三名学生打捞出来后,由于溺水时间长,已经没有生命体征。事后,学校领导、老师、市教育局和那大镇政府积极配合家长做好善后和安抚工作。市教育局迅速向市委书记张琦、市长严朝君、市政府常务副市长张美文报告,市领导就此事立即作指示,要求吸取教训,做好善后和安抚工作,并要求查清情况,区分责任,进行责任追究。同时,要加强教育和管理,尽快再次召开学校学生安全会议,进行安全工作再部署。当晚,市教育局形成书面报告材料,向省教育厅、市委市政府报告。省教育厅随即向省政府办公厅报告,林方略副省长及时做出批示,要求落实好省学校安全工作会议精神,吸取这次学生溺水死亡事故教训,切实做好防范与稳定工作。

5月17日上午,市教育局领导班子根据省、市领导指示精神,召开局党委紧急会议,研究部署有关工作,然后下发了《关于进一步加强学校安全工作的紧急通知》,同时组织六个督查小组到全市各中小学校督查安全工作,通报事件发生情况,查找安全工作薄弱环节,督促学校进一步加强学校安全教育,提高师生的安全意识,防止类似事故发生。17日晚上8:30分,市长严朝君主持召开政府办、宣传、公安、教育、安监、监察、住建、那大镇等有关部门负责人的协调会议,重点研究解决事故善后和家属的安抚工作,成立事故调查领导小组,进一步展开事故调查。17日晚上9:40分,市教育局党委召开班子会议,决定免去陈业虎那大中心校校长职务。目前,善后安抚工作正在进行,学校分别给三名死者家属各一万元慰问金,死者家属答应18日上午将死者入土为安。

案例启示:

这种惨案,在学校安全机制不全面的条件下屡屡发生,一次又一次地警醒着小学校长们——加强小学生安全教育势在必行!孩子们是祖国的未来,民族的希望,全社会都应该为他们能够健康成长而尽心尽力!小学校长应时时刻刻把学生的安全问题放在第一位!只有先保证他们的身心健康,才会有让他们成人成才的希望!

第四节　认真负责
提高小学生饮食健康水平

为确保学生身体健康,防止食物中毒和传染性疾病在校园蔓延,学校要加强健康教育,充分利用各种活动载体,多渠道广泛宣传,教育学生勤洗手、重锻炼,注意饮食卫生,不吃过期变质和不洁净的食品,不喝生水,提高卫生安全意识。小学生食品安全知识主要有:

一、预防食物中毒　灌输健康思想

(一)认识食物中毒特征

1.潜伏期短:一般食后几分钟到几个小时发病。

2.胃肠道症状:腹泻,腹痛,有的伴随呕吐,发热。

(二)提高自我救护意识

出现上述症状,应怀疑是否食物中毒,并及时到医院就诊同时报告老师。

(三)预防发生食物中毒

讲究个人卫生,做到勤洗澡,勤洗衣服,勤剪指甲,勤理发,勤换床单和被子。保持教室环境的清洁卫生,养成饭前便后洗手、不暴饮暴食的良好习惯。其次做到"六不吃",不吃生冷食物,不吃不洁瓜果,不吃腐败变质食物,不吃未经高温处理的饭菜,不喝生水,不吃"三无"小零食。再就是要从食品标签上注意识别食品质量,选择安全的食品是把住"病从口入"的第一关。

二、预防流行传染病　谨防病从口入

季节变换,是肠道传染病高发时期,要让学生们要统一认识,提高意识,重视饮食卫生,谨防"病从口入"。宣传肠道传染病的预防方法:

1.搞好饮食卫生,谨防病从口入。做到洗干净手,水果要洗净削皮后食用。煮熟食物,尤其是鱼、虾、贝类等要煮熟、煮透再吃。不喝生水。

2.注意个人卫生,饭前便后要洗手,勤剪指甲勤洗手。

3.搞好环境卫生,垃圾要按时定点清倒。

4.不要到卫生条件差的饮食店就餐,更不要光顾街边饮食摊点,特别不吃"三无"小食品。

5.如出现上述症状,尤其是剧烈的腹泻、呕吐,一定要到正规的医院就诊。

通过向全体小学生及其家长宣传普及食品安全知识,提高他们的食品安全知识水平,树立安全消费的良好风尚,引导每个家庭形成科学、安全、合理的饮食习惯,认真负责地切实提高小学生的健康饮食水平。

附:小学食品安全应急参考预案

为加强食品安全,科学、规范、有效地开展学校食品安全事故应急工作,最大限度地减少学校食品安全事故可能造成的危害,结合我校的实际,制定本预案。

(一)工作原则

1.全程预防、全程控制

本预案是指在实施学生营养改善计划过程中发生的事件,造成安全事故时启动应急预案。

2.明确职责、落实责任

学校要按照"校长统一领导、分管领导具体负责、各部门协调配合"的食品安全工作机制,实行分级管理、分级响应,落实各自职责。

3.及时反应、快速行动

学校对所发生的食品安全事故要做出快速反应,及时启动应急预案,严格控制事故发展和势态蔓延,有效开展应急救援工作,认真做好食品安全事故的救治、处理及整改工作。

（二）领导小组

组长、副组长、组员。

领导小组的主要职责有：

(1)启动学校重大食品卫生安全事件应急预案。

(2)领导、组织、协调事故应急处置工作。

(3)负责事故应急处置事项的决策。

(4)负责上报与事故相关的重要信息。

(5)审议批准学校应急处置工作报告等。

(6)向县教育局和学区食品安全事故应急指挥部报告事故救援情况。

（三）运行体系

1.监测

学校建立统一的食品安全事故监测、报告网络体系，建立通畅的信息监测和通报网络，通过日常监测和抽检，加强对学校卫生、食堂餐饮等环节的日常监管，建立重大食品安全信息资料档案。及时研究分析本校食品安全情况，做到早发现、早预防、早整治、早解决，形成统一、科学的食品安全信息评估和预警体系。

2.报告

学校建立、健全食品安全事故报告系统，按照上级食品安全事故报告的有关规定，主动监测，及时报告。报告时间不得超过事发后1小时，不得迟报、谎报、瞒报和漏报。报告程序是班主任——副组长——组长，同时学校向学区和卫生院报告，以便及时施救。

3.处置措施

(1)发生一般突发群体食物中毒事件，学校食品卫生安全事故应急领导小组启动应急预案，配合学区食品卫生安全事故应急处置领导小组采取相应的防范措施，做好应急处置工作。

(2)发生较大事件，启动本应急预案，并报县教育局食品安全事故应急领导小组和相关部门进行应急处置。

（3）发生重大突发事件，启动应急预案，并且食品安全事故应急指挥部处置工作应在领导小组领导下开展工作。

（4）突发事件发生后，由相关班主任和学校食品卫生安全事件应急领导小组先期统一指挥应急处置，并在1小时内向乡政府和县教育局报告情况。报告的主要内容包括：事件的种类、发生的时间、地点、范围、程度、后果、采取的措施和需要解决的问题等。

（5）食品安全事故善后处置工作结束后，学校事故应急小组总结分析应急救援经验教训，提出改进应急救援工作的建议，完成应急救援总结报告，并报送中心校。

（四）其他

1.学校食品卫生突发事件应急处置工作实行领导责任制和责任追究制。对处置突发事件成绩显著的个人，按照有关规定给予奖励；对处置工作严重失误造成重大损失的个人，视情况可分别采取检查、纪律处分等方式追究其责任；对处置不当，贻误时机，造成恶劣影响或严重后果的直接责任人，要劝其引咎辞职或责令其辞职，或给予免职处理。涉嫌犯罪的，移交有关部门处理。

2.学校对全体师生加强食品安全知识的教育，不断提高广大师生的安全意识和责任意识，最大限度减少学校食品安全事故造成的危害，保障广大师生身体健康和生命安全。

3.本预案由学校负责解释。

4.本预案自发布之日起实施。

第六讲 强化革新
实施有效的教师管理方式

温和地训练儿童,使他们养成受了痛苦而不畏缩的习惯,这是一种可以使他们精神镇定、并且为他们日后的生活奠定勇敢与果断的基础方法。

——约翰·洛克

小学应该在各级党政和教育主管部门的正确领导下,在全体师生的共同努力和密切配合下,坚持以"三个代表重要思想"为指导,以办人民满意的教育为宗旨,认真贯彻落实《基础教育课程改革纲要》精神,深化学校管理,大力推进"教师队伍建设年"活动;班主任队伍建设、师德师风建设和学校的可持续发展;坚持"以人为本"的办学理念,切实改善办学条件,健全学校常规管理;坚持在稳定中求发展,在发展中促提高;牢固树立科学发展观,改革创新,实施有效的教师管理模式,促进学校的进一步发展。在教育教学改革中,要调高工作起点,深化政治体制改革高度,以高眼光、大气魄、创新地做大做强学校教育。开拓思路,多动脑筋,优化学校教育资源,发挥学校教育特色优势,不断推进学校跨越式发展。

第一节 军事化与人性化相结合
开辟新型管理模式

教师是学校教育的具体组织者和实施者,是学校教育的实践主体,是搞好学校教育最重要的前提之一。没有教师,学校教育就无法开展;

没有好的教师,也不可能有好的学校教育。因此小学校长一定要特别重视抓教师队伍建设,还应重视教师的思想管理和目标管理,引导教师树立正确的价值观与教育观,关注教师的生存状态,努力为教师排忧解难,学校在书香校园的构建上下工夫,进一步启迪了师生的智慧,为教师的专业化成长提供平台。积极创造条件改善教师的办公、生活环境。为了减轻教师们的心理压力,实现"人文管理",行政人员经常换位思考,尽量满足教师们的合理要求,不仅关心教师的物质需求,同时也关心他们的精神需要。着力提高学校每一个教师个体的素质水平,努力抓好学校全体教师的建设。树立教师队伍建设的宏伟目标:培养政治坚定、工作勤奋、业务精干、奋发向上、务本求实的教师个体。建设富于凝聚力、富有战斗力的教师集体。培养跨世纪的政治、业务、管理、科研四位一体的学校骨干。

一、实施制度化的教师管理方式

管理工作并不是一开始就有的,它是人们共同协作劳动的产物。人们为了共同的目标,在一起协作劳动,就要有管理。既然要管理,就要按一定的规章制度进行。学校管理也是如此,要建立科学的管理制度,就必须重视学校规章制度的订立。学校规章制度是"学校立业大本",是师生"共同的约言"。尤其是随着生产力的发展,现代社会的不断进步,小学也有了较大的发展,学校人数增多,课程门类也增加,教学内容也更为复杂,教育手段不断改进,这时的学校管理就愈加显得重要。管理离不开制度,要保证学校工作的顺利进行,就必须加强学校规章制度建设。没有规矩不成方圆,学校规章制度就是全体师生必须共同遵守的规章、规定和规范。它是党和国家的各种方针、政策、法律在学校日常工作、学习和生活等方面的具体体现,是实行科学管理,办好学校的重要保证。就学校目前的实际情况来看,建立健全学校的规章制度,主要有以下几个方面的作用:

(一)有助于建立正常的学习和工作秩序

学校是一个多因素、多层次、多系列、多结构的复杂的综合体,要把这个综合体里的每一个成员的智慧和力量充分发挥并最优化地组织起来,高质高效地完成教育教学任务,就必须要有一整套规章制度,使学校一切工作和所有师生员工有规可循,有矩可蹈。这样的学校才会有一个正常的学习和工作秩序,各项工作才能按规律有序地运转。

(二)有助于调动师生员工的积极性

对一所学校来说,只有在它的每一位师生员工的积极性、主动性和创造性都得到了充分的发挥,并形成一种集体教育力量时,这所学校才能办得好。当学校建立起符合教育规律,符合现代管理原理,并能充分体现社会主义的道德观念和行为规范规章制度时,就会使全体师生员工知道:应该做什么,不应该做什么;应该怎样做,不应该怎样做以及自己的主要职责是什么。它对整个学校工作具有什么意义和作用。只有这样,才能充分地调动全校教职员工的工作积极性,成为推动学校工作不断前进的巨大动力。

(三)有助于学校形成良好的校风

井然有序、蓬勃向上的校风是办好学校的重要条件,也是学校办得好的重要标志。学校规章制度的显著特点是具有实践性。规章制度一经制定,就要求师生员工按章办事,行为有所规范,并在日积月累、反复实践的过程中,形成一种良好的风气和优良的学习、工作习惯,进而形成良好的校风。而良好的校风是学校办学成功的关键。

(四)实行有效的制度管理办法

为提高教师管理的针对性和实效性,小学校园可实施分块管理模式。在行政管理人员相对较少的情况下,把行政工作的重心放到年级组,学科工作的重心放到备课组,在责、权、利等方面突出年级组长、备课组长的作用。倡导竞争加合作的精神,有力地营造一个短、平、快、实、活的管理工作局面。

1.对教师工作的管理

建立并完善教职工岗位考核责任制,完善学校管理制度、岗位职责、教学规范以及工作奖惩办法,做到有岗位就有制度,有制度就有考核,有考核就有奖惩。

2.对学生学习的管理

强化学生的学习规范要求,制定学生学习规范要求条例、学习规范考核条例,每周汇总上报教务处,把学生学习规范执行情况纳入到学生学习评价中去,促进学生良好学习习惯的养成。

3.对教研组、备课组的管理

制定了教研组工作要求、备课组工作要求和先进教研组评比条例、先进备课组评比条例等,切实加强教研组与备课组的建设。

4.制定明确的教学后勤服务制度

实验室、图书馆、文印室等教学后勤部门实行值班轮休制度,无论是双休日,还是休息时间都要对师生开放。对学生提出的自主实验、课外阅读等要求要予以支持,在服务中引导学生增强自主学习能力。

二、增强对教师的人本管理

(一)实施人本管理的必然性

近年来,人本管理的思想得到了前所未有的重视,并开始渗透到小学管理工作之中。就小学管理而言,人本管理所涉及的"人"包括:学校领导、教职工、学生,还有家长等,他们对学校管理的实施都有重要的影响,尤以教师对学校办学的发展影响最大。聪明的小学校长都懂得,如果没有优秀的教职员工,纵使自己心力憔悴也无法办好学校。至于其他教育资源,无一不需要各方人士来鼎力相助。因此学校管理实施人本管理也是理所当然的。

(二)人本管理与制度管理的区别

人本管理与制度管理的区别就在于人本管理重视的是"人",而制度管理重视的是一些条条款款的规章,尤其是当这些规章制定得太多太细时,它又会越来越束缚人的思想和行为,难以张扬人的个性,使学校变得像一潭死水,难以形成学校的特色。这也与教育的根本宗旨——发展人是相悖的。马克思主义从来就主张,人类在创造未来的同时,也应创造人类自身,共产主义的最高理想,就是要在物质生产极大丰富的同时,塑造全面发展的人。在人本管理中,人的发展是管理的目的,它所突出的就是在管理实践中"人"自身得到全面的发展。当前,应大力推进课程改革,在课程管理上强调突出人的发展的思想,使之集中体现在课程评价制度的改革上,要求尽量逐渐淡化评价的淘汰功能,强化评价制度促进学校、教师和学生共同发展的功能,使之鲜明地体现"以人为本"的思想。

三、尽力做到制度管理与人本管理相结合

(一)制度管理是基础,人本管理是升华

对于一些新建校或学校管理还未走上规范化、科学化道路的学校来说,加强学校规章制度建设仍是首选之路。因为它可以使学校迅速走向规范化、科学化管理的路子。当学校管理走向正规化之后,学校就可以将各项制度逐渐简化,为师生在一些方面提出了奋斗的目标,在师生的评价上也采取"宏观、综合、模糊"的方法,强化其中管理的人文因素即可。只有这样,才能让师生的个性得到充分的张扬,促进学校、教师和学生整体的发展。现代社会是一个多元平等的社会,是一个民主与法制的社会,以人为本的管理思想已经渗透到社会的各个层面,小学校长更是应该在实践中继续探索学校规章制度建设与人本管理的最佳结合点,共同推动人,包括教师和学生,甚至校长本人的全面发展。

(二)推进制度管理与人本管理的融合

1. 营造互相尊重的环境

营造一个互相尊重的环境,是充分发挥人本管理作用的必要条件。在以权力与服从为主要管理方式的学校管理中,教师是得不到精神上的尊重的,工作中只能是被动地服从,难以发挥主人翁的作用,也不可能真正发挥出创造性。人的发展,自始至终都是在群体的影响下进行的。群体作为社会心理的主体,具有社会促进效应、凝聚性、模仿与暗示性、人际关系、心理氛围、合作与竞争、个人在群体中的身份和地位对他的影响等作用。而人本管理会对此产生有决定意义的影响。在这个基础上营造一个平等、团结、尊重的组织氛围,这对于主体意识突出的教师们,将具有极大的感召力。小学校长应给予教师充分的信任,给他们创造一个和谐宽松的环境,教师自然就会怀着一种高度责任心和快乐的心情为学校工作,从上到下的成员都坚持自己管好自己,从而实现学校的自动化管理。

2. 关心教师的需要、了解教师的需要

学校关心、了解教师的需要,要把教师的疲劳放在心上,经常列入议事日程。详细了解教师需要的种类、层次、结构的特点和发展方向等。比如:政治上进步,表现为要求入党;业务提高表现为要求掌握新知识、新信息,允许参加业务进修和取得学历学位的课程;创造、成就的需要表现为追求教学成就,期望学生成才,获得高级职称;自尊、荣誉的需要表现为希望受到社会、学生和家长的尊重,得到领导的信任;物质生活的需要表现为改善生活条件和教学条件,解决住房,解决子女入托、入学、就业的问题等等。

3. 满足教师合理的物质需要

学校较好地解决教师的物质需要和个人生活需要问题,以调动教师的积极性。如果一个人的基本物质需要尚未得到满足,而一味强调精神作用,那是不能调动其积极性的。小学校长应在满足教师一定物质需要的基础上,注重精神需要的满足:例如,可提供丰富的图书资料,提供学习和进修的机会,以满足业务提高的需要;积极支持教师在本专业的范围内开展研究工作,提供相应的条件,以满足其创造成就的需要;尽可能多地让教师参与学校管理和学校重大问题的决策,重视并采纳其合理的建议,以满足他们自尊的需要,从而激发他们的自信心和责任感,发挥更大的积极性。

4. 激发教师产生高层次的精神需要

人的高层次精神需要是人们改造世界强大的推动力量,也是能动地调节个人物质需要的控制力量。有的教师即使在物质生活上有一定的困难,也不会动摇自己的信念和事业心,相反会表现出高昂的士气、乐观的情绪、必胜的信心。小学校长应常教育、引导和激发教师去追求更高层次的精神需要。同时,对教师中已产生形成的高成就的精神需要,校长要给予爱护、鼓励和支持,并创造条件使其得以实现。当然,还要创造条件激发和培养教师高层次的精神需要,使教师产生并焕发新的工作积极性。

案例分析:

某市第二十中学有一批复习资料投放到阅览室供学生查阅,可是第一天就少了6本。有的人主张严肃查处,可是校长却不然,他写了几句话贴出去:"作为校长的首要责任是,要使全校师生明白,二十中人的人格是无价的,然而朋友,你信吗,投放的书少了6本。"第二天有人送回了一本,校长又公开写道:"你送回的不仅是一本书,你送回了人格,送回了二十中良好的校风。"第三天,其他5本也都送回了。

案例启示:

这位校长的做法是情感育人。案例中的校长,面对"学生拿走了图书阅览室里的几本书"的事件,不是严肃查处,而是动之以情,晓之以理,写了几句话贴出去,这几句话语重心长,道出了"二十中人的人格""二十中良好的校风",感化这位学生,激起了学生积极情感的反映,于是这位学生就放回了书籍。在这里,校长既严,又爱,既有集体荣誉性的教育,又有人格尊严的启发。校长的情感很有感染力,渗透力,表现出对教育的忠诚,对学生的爱护。这位校长的做法可以让我们感悟到:

①教师的劳动对象是人,人非草木,孰能无情,教师与学生的相互交往,不能没有感情。教师的职业劳动需要丰富的情感,教师的情感同样是其劳动的工具。

②当学生有了缺点,有了错误时,教师要善于以情感去感化人,教育人,激励人。

③教师情感育人需要有智慧。教育没有情感,就像磨坊没有水。

第二节　加强教师思想建设　提高师德水平

我国改革开放之后,对加强国民素质教育投入了巨大的心血。但我国相对于发达国家而言,仍有许多差距,因此,培养高素质人才是我国目前的首要任务之一。显而易见,加强师德建设不仅是时代的要求,也是当代教师所应当具有的一种素质,提高教师师德建设,是我国建设社会主义社会的一个必然前提,是我国提供高素质人才的重要保障。小学,是我国教育体系中最基层的单位,从学校工作能看到祖国未来人才的形象,是祖国未来社会的缩影。因此,贯彻落实党的十七大精神,解放思想,以人为本,不断加强学校教师师德建设,适应新形势,转变学校工作思路,以科学发展观为指导,构建和谐的学校文化,促进学校在和谐文化的引领下不断发展是学校工作的重中之重。小学校长应结合学校实际,对当前学校各方面工作做出更清醒的认识。

一、师德建设的必然性

(一)师德建设的重要性

师德是教师的灵魂,是教师从事教书育人的首要条件,加强和改进师德建设是新形势下教育事业发展的迫切需要,是新课程改革的迫切需要。良好的师德师风决定着学校的校风、教风和学风,决定着学校的精神风貌和人文内涵,是学校最具魅力的标志,是学校事业健康发展的重要保证。教师的劳动就其本质而言是完善和优化人的素质的劳动,教师劳动的一个重要特点就是通过教师本人的理想信念、人生态度、价值取向、道德品质、治学方法乃至为人处世的态度等对学生产生积极影响。青少年时期可塑性很强,在这一时期教育影响至关重要。青少年模仿性很强,他们往往把教师当做学习的楷模,这就必然使教师的道德具有特定的社会价值,即对学生人格成长的启蒙意义。教师对学生的教育,不只体现在思想教育和谆谆的道德教化上,还通过教师为人师表的作用,把道德教育渗透到学校教育的各个环节。教师应认识到师德的重要性，以高尚的师德引导学生选择正确的人生之路。

案例分析：

一次公开观摩课上一位有二十多年教龄的女教师,在课堂上并没有频频去叫那些反应机灵、学懂会用的好学生,而是善于捕捉那些不敢大胆发言、没有勇气回答问题的差生的一闪之念。一位女孩刚把有信心的眼睛抬起的时候就被老师叫起来回答,结果是心里过于紧张,老师启而不发满头大汗,不知所措。这时老师让她坐下来,平静一下语气温和地说了句:"没关系,老师知道你会了,只是过于紧张而暂时想不起,以后经常锻炼就好了。"这堂课使人感到,女教师用自己的爱在点燃胆怯者的智慧之火,让学生感到"我有被爱的权利"。

案例启示：

这位教师公平地对待所有学生,把每一个学生都视为自己的弟子,对所有的学生一视同仁,不厚此薄彼,不凭个人好恶,偏袒某些学生或冷落歧视某些学生。她既看到了那些反应机灵、学懂会用的学生,更善于捕捉那些不敢大胆发言,没有勇气回答问题的学生,所以说她的爱是公正的,无私的。这个案例给了我们许多启发：

①对在道德、智力、体能、运动、交往和情绪上,特别是家庭背景有差异的学生表示普遍的关切。

②对学生的看法公平公正,没有偏见,避免个人感情色彩的影响。

③批改作业尺度一致。

④给每个学生提供均等的发展条件,能较好地控制课堂上不同学生的发言机会。

⑤与不同学习水平的学生谈话时,语气一样。

⑥不夸大学习成绩差的学生的错误,不掩饰学习成绩好的学生的错误。

⑦不根据学习成绩的差异去处理学生做错的事。

⑧学生之间发生矛盾时,先调查清楚,不急于下结论,不偏袒一方。

⑨要尊重学生的个体差异,在教育教学中尽量缩小由社会不公正给学生带来的差异。

⑩辩证地看待学生的优缺点,不绝对化,不同的学生犯了相同的错误,要考虑不同的动机与原因进行处理。

(二)师德存在的必要性

教育劳动关系的特点之一是教师在自己的劳动中一定会面临多种复杂的社会关系。教育劳动关系的特点之二是教师对这些社会关系的调整有非常大的自由度。在教育活动中教师并不能完全依据自己的意志处理教育活动中的社会关系,因为教师毕竟要受到一定的制约或监督。这一制约和监督有两个重要的方面,一是宏观社会制度的制约,二是学校教育行政管理制度的制约。但这两种制度都有一个共同的提点,那就是制约的外在性。而外在性又决定着教师可能产生抵触情绪,从而可能在教育活动中对制度的要求大打折扣。同时任何外在的制度都不可能将教师的一切行为都置于监督之下,这就如再有能力的校长也不可能坐在每一个教室里一样。所以,看起来具有较强制约性的社会或学校管理制度必然具有相当大的灵活性。教师的行为需要有一个自我监督的机制存在。这个自我监督的机制实际上就是教师的职业道德。教师劳动关系的丰富性与自由度决定了教师职业道德存在的必要性。

(三)师德重要的功能性

1.对教育对象,师德有教育功能

教师既是教育的主体,又是教育的手段,教师在举手投足间亦可影响学生的成长。师德对教育对象的影响主要有二:一是师德影响学生的道德人格。具有良好师德的教师所表现出来的敬业精神和生活热情会感染学生,有利于形成他们的学习和生活的积极态度。反之,则不利于学生积极的人生态度的形成。二是教师对学生的热爱、期望会形成较好的心理气氛,有利于学生良好的学习动机的形成和心智的健康成长。

2.对教师内部,师德有调节功能

良好的教师道德,就会形成一定的心理和舆论气氛。同时道德也会在每一个教师的心中以职业良心的形式形成一种自我监督的机制。这种内外兼有的双重道德约束有利于教师处理好各种利益关系。

3.对教师自身,师德有修养功能

师德与教师对教育活动的意义的理解密切相关。师德能够通过评价、激励和追求理想人格等方式在造成良好的社会舆论和社会风尚的同时,培育主体自身的道德意识、行为和品质,从而提高教师的精神境界和道德水平,使教师成为道德纯洁、理想高尚的人。

4.对社会发展,师德有重大影响

首先,教师的劳动也是社会生产的组成部分,教师通过对教育对象的塑造参与了物质文明的建设。教育对象最终会成为生产力的关键要素。其次,师德也会影响精神文明建设。实际上,师德是社会道德的重要组成部分,除了它本身的高低是直接构成社会道德水平高低的一部分之外,它还可以以身示范,成为"社会的良心",带动社会道德水平的提升。

以下,是一名普通的数学老师在不断加强自身师德水平中的心得体会:

自从我接任二年级数学教学工作以来,在此期间,我尝试着和学生沟通交流,慢慢走进他们的内心世界,因而也赢得了孩子们的信任,内心不断地充实着。在这些孩子们中间,给我印象最为深刻的是那些后进生。在教学中,我也一直用大量的精力关注他们,理解他们,帮助他们。

后进学生往往有一些共性:成绩差,纪律差,注意力差,自信心差。因为很多同学在空间和心理上故意疏远他们,他们由此也成了最不受欢迎的一个群体。

曾经,我也是那么地讨厌这类学生,我甚至认为拿放大镜都很难发现他们有什么优点,当无数的辅导换来的仍旧是失败后,那种无助的感觉往往使人无奈,当我想放弃他们时,一件小的事情出现了,使我对后进生有了新的认识。

X同学是我班的后进生,身材中等偏瘦,学习成绩较差。他不善言谈,比较淘气。有一天我准备教授新课,他却没来上学,等到他来时,我批评了他一通,并说没时间给他补课,这时他才跟我说起没来的原因:昨晚在家写家长留的作业时间长了,睡得太晚了,所以今天上学来晚了。我当时很感动,原来他一直在努力,他也有可爱之处。

事后,我不断地反思那天的事,我认为应该自责的是自己,我几乎放弃的是这么一个可爱的孩子。而我竟然一直没有发觉。

随后的日子里,我不断地找时间辅导他、表扬和鼓励他,他也更加地信任我。他曾经给我说:老师,我现在爱学习数学了。如今,他的成绩已经接近班内中等水平。从他身上,我学会了用赞美的眼光看学生,那些后进生竟然都有那么多可爱的地方。比如有的爱劳动,有的诚实,有的勤俭,有的喜欢创作等等。我对他们充满了信心。

每一个人都有他的闪光点,当老师过多地关注一个孩子的缺点时,对这个孩子的成长会是一个灾难。只有转换角度,用赞美的眼睛去发现孩子的优点,孩子才能在老师的认可中找到成功的体验。很多时候,后进生缺失的不是成绩,而是一种认可。作为教师,我们的任务就是帮助学生重拾自信。当我们真正信赖和尊重孩子时,孩子才会真正地信任我们。这些都是孩子进步的基石。

其实,只要每一位教师都能像这位老师一样,不放弃每一个学生,不断提升自己的师德水平,小学教育的现代化终会实现。

二、全方位、多角度开展师德建设工作

加强师德建设是这个时代的必然要求,针对教师职业道德和思想品德建设,小学校长应在以下几个方面进一步解放思想,统一认识,加强教育和管理工作:

(一)加强思想政治建设

1.小学校长应紧紧围绕塑造人类灵魂工程师的灵魂这一根本宗旨,切实抓好思想政治工作。在做思想政治工作时,不要急功近利,不要追求立竿见影,要追求厚积薄发的境界。只要坚持不懈以教职工乐于接受的形式开展思想政治工作,就一定会对教师个体产生一定的影响,久而久之就会使教师个体的素质之树结出丰硕的人格、师德之果。

2.小学校长应践行科学发展观,解放思想,以此指导学校各方面工作。学校党支部应引导学校全体教职工统一思想认识,深刻领会解放思想的重要意义。新时期加强理论武装,要坚持用邓小平理论和"三个代表"重要思想特别是科学发展观武装党员干部,在全校开展深入学习实践科学发展观活动,真正把思想和行动统一到科学发展观上来,坚持用科学发展观指导客观世界和主观世界的改造。在工作中不仅要解决思想层面问题,更要解决发展思路、发展举措、工作水平、自身素质、工作作风、服务意识、工作成效等方面存在的问题。要切实领会新精神、分析新形势、谋划新举措,找难题、找差距、找办法,重点要抓好查找问题、分析问题、解决问题三个环节,达到进一步解放思想,开创职业教育跨越式发展的新局面。

3.小学校长应高度重视,健全组织机构。小学校长应高度重视师德建设工作,把师德建设工作摆上议事日程,召开专题会议,统一思想认识,抓好师德建设,提高教师的政治责任感和紧迫感。同时,成立师德建设领导小组,研究制定师德建设活动方案,部署师德建设活动,每项活动校长都应做到心中有数,指导到位。学校有计划、有步骤地狠抓学习教育活动,组织教师学习《中华人民共和国义务教育法》《预防未成年人犯罪法》《未成年人保护法》《学生伤害事故处理办法》等有关法律法规,提高教师的法律意识,增强依法执教的能力和水平。

组织教师认真学习《教育部关于进一步加强和改进师德建设的意见》《中小学教师职业道德规范》《公民道德建设实施纲要》,学校还应将相关禁令和工作纪律张贴在教师的办公室,增强了教师们的法纪意识,规范了自己的教育教学行为。

(二)全面提高师德水平

1.教师的职业性质决定了教师职业道德的特殊性:一是要忠诚于党和人民的教育事业,这是师德的方向;二是要爱岗敬业,这是师德的核心;三是要教书育人,这是师德的重点;四是要为人师表,这是师德的基础。师德建设要抓好,首先要加强对这项工作的组织领导。学校应成立专门的组织机构,切实负起全校教师职业道德教育督促责任,做到有规划,有措施,有目标,有重点,有典型,有活动,从上而下,从内到外,围绕一条主线,持之以恒地开展下去。

2.标本兼治,激励与约束相结合。在师德建设中,小学校长不仅要善于发现问题、及时解决问题,还要全盘考虑,做到未雨绸缪,防微杜渐。不仅治标,出现有悖师德的现象及时解决和处理;还须坚持治本,不断加强制度建设,以制度来预防,以制度来监督,以制度来管理。坚持典型引路方针,培养树立师德典型。大张旗鼓地表彰、宣传师德典型。同时建立起一套较为完善的规章制度,健全评价机制和监督机制,确保各项制度落到实处。总而言之,加强师德建设不仅是时代的要求,也是当代教师所应当具备的一种素质,提高教师师德建设,是我国建设社会主义社会的一个必然前提,是我国提供高素质人才的重要保障。

3.利用一切学习时间,组织教师学习,引导教师正确理解教师职业道德内涵。要求广大教职员工把握师德原则、师德规范及教育法规,提高认识,规范行为,采用集中学习和分散自学、讲课辅导与集体讨论相结合的学习方式,通过不同形式教育活动,力求使教师的教育思想观念与创新能力有大幅度的提高。此外,学校还应要求教师结合自己在师德方面存在的问题有针对性地进行自学,并写出师德反思、心得体会。同时,校长应认真向教师传达地区教育局相关文件,组织教师逐条学习,让每位教师抄录在政治学习笔记本上,做到入耳、入脑、入心,并落实在行动上。学校应坚持严格贯彻落实地区教师师德禁令及其他师德规范,并均公示上墙,使教师人人熟知,真正做到令行禁止,有举必查,查实必处。

4.在教师中进行"五师"教育:

(1)铸师魂。要求教师具有"四心":关爱学生诚心,了解学生细心,教育学生耐心,服务学生热心。

(2)育师德。要求教师做到"三爱":爱事业,爱岗位,爱学生。对后进学生有"三心":爱心、耐心、信心。

(3)树师表。要求教师实现"四三二一"目标:四高——高度的觉悟、高度的社会责任感、高尚的道德情操、高超的教学艺术,三种精神——奉献精神、敬业精神、创新精神,二严——严肃的自我修养、严谨的治学态度,一强——强化为人师表意识。

(4)正师风。通过制度规范、行为规范、榜样规范,加强教师的职业道德建设。

(5)练师能。对不同层次的教师提出不同的要求,为不同层次的教师提供不同强度的培养训练。

案例分析:

某学校一位实习老师,教数学。他上课很有趣,但对学生很严格,如果有上黑板演示题目做不出,就会骂人。最严重的一次是,一个学习不好的男同学被教了好几次还做不对,他一怒之下就把人家的头往黑板上撞,用非常粗俗的话骂他。那个男生受不了这样的刺激,最后厌学,不肯再读书了,连高中都没上。

案例启示:

教师对待学生的道德,从理想层面上看,教师要热爱学生;从原则层面上看,教师要平等、公正、民主地对待学生;从规则层面上看,教师不准以任何借口歧视、侮辱,不准使用威胁性语言体罚或变相体罚学生。案例中的数学实习教师,要让学生学好数学,对学生的严格并没错,但必须严而有度,严而有方。可是这位教师,对演示不出数学题目的同学予以责骂,甚至对教了几遍还不会的学生,使用威胁性语言处罚甚至体罚学生。这种做法是错误的,这造成了这位学生厌学甚至弃学。其行为严重违背了教师职业道德,对教师的师德形象造成了恶劣的影响。

第三节　强化教师教学能力　提高师资水平

师资队伍建设是学校管理中的核心工程,是实施教育现代化工程中的重要一环,是深化教育改革,推进素质教育的原动力。高水平的师资队伍是教学人才培养与科学研究的核心保障,小学教育必须始终将师资队伍的建设放在首位,时时处处渗透人文关怀,力争做到像陶行知先生在《育才创造年计划大纲》中所说的那样,安定教师生活,辅助教师进修,以收"学而不厌,诲人不倦"之效,保证一支高学术水平与教学水平、结构合理、教学与科研并重的师资队伍。在基地建设规划和师资队伍建设中,突出教学与科研的相互融合和相互促进,强调教学与科研并重,注重科研成果向教学资源转化。只要确定一个目标,形成一种机制,落实一套措施,那么,一所学校的师资队伍建设一定会提高到一个新的水平。

一、构建合理机制,强化教师教学能力

(一)全面建设相关机制

以机制创平台,督促、帮助、支持教师通过工作实践自觉提高自身素质水平。例如:建立督促教师提高教育基本功的机制,敢于把青年教师放到关键岗位上锻炼,建立帮助教师个人自学的机制,建立教师之间互帮互学的机制,建立帮助教师开展教育科研和教学研究的机制,建立帮助教师总结自己工作经验教训的机制等。

(二)建立教学激励与奖励机制

以奖励机制调动教师从事教学工作的积极性,提高教学质量。重视青年教师的培养,进行教学实践,提高教学水平。认真落实教学工作的中心地位,全面调动教师投入教学改革的积极性,制定能推动教学改革的相关政策和有力措施,以奖励教学质量高的教师。诸如将高水平教学研究项目与高层次的科研同等对待、高质量教学研究论文与科研论文同等对待、教学成果奖与科技成果奖同等对待、教学带头人与科研带头人同等对待等措施,以调动广大教师的积极性,适应新形势的创新性人才培养。

(三)实施责任制和集体备课制

1.责任人制就是指学校在把管理的重心放低的情况下,把行政主线放到年级组,学科主线放到备课组,年级组长、备课组长为工作质量责任人,以此促进优秀青年教师的成长。

2.集体备课制就是指各年级均实行严格的集体备课制度,发挥骨干教师的示范带头作用,通过传、帮、带等手段促进青年教师特别是新教师的成长,进而达到教师间的互帮互助、共同进步。

二、加强师资队伍建设,打造一流小学

(一)定期培训,保证青年教师不断进步

小学应把青年教师的培训作为工作的重中之重,充分利用学校的人力、物力、财力,将长远目标与现实要求兼顾起来,把培训、教研、教学融为一体,尽快融合教师队伍的断层,实现平稳过渡。同时,学校还应启动青年教师的"五步走"培训计划,力求做到:一年"结对子",以师带徒,常规入门;二年"挑担子",大胆执教,工作上路;三年"指路子",发展优势,形成特色;四年"主场子",有声有色,崭露头角;五年"拔尖子",闯出校门,走向成熟。全员参与,严格考核,鼓励青年教师干一行爱一行,钻一行精一行,做教学"状元"。

(二)紧抓科研,保证全体教师深层发展

小学校长应督促开展教育科研,促进教师层层攀高。开展教育科研不仅是提高教育质量的良策,而且是培养学者型教师的明智之举。但是,很多教师科研意识淡薄,应采取"以点带面,分步推进"的办法,首先在教师队伍中挑选出有较强事业心和责任感并有一定潜力的若干中青年教师,组建起学校教科组,校长亲自任组长。学校通过设置机构,编制人员,建立制度,安排时间,保证教科研活动的有效开展。教科组成员人人确立课题,坚持每周一次集中理论学习,开展教改实验,积累各种资料,学期末完成课题阶段性小结,以此促进教科组成员的理论水平、科研意识和教学能力都能得到较大的提高。广大教师只有在学科组人员的带动下,才能慢慢萌发科研意识,在自己的教学实践中渗透各种教改思想,大胆实践,细心探索,不断总结经验,提高教学水平。

(三)加强继续教育,践行可持续发展观

1.小学校长要带头积极支持并创造条件,督促帮助教师参加继续教育、文化进修、业务进修。在这方面要引导教师讲究实效,把工夫用到确实提高个人文化业务水平的学习上。为了不断更新教师的文化和教育

理念,为了不断提高教师的文化水平、教育水平和文明素养,学校还应当经常开展各种有针对性的丰富多彩的校园文化活动,在学校形成积极健康高雅文明的文化氛围。使每个教师个体的素质水平在其原有的基础上得到最快、最大限度、最佳的发展,培养出尽可能多的专家型教师、事业型教师和职业型教师。

2.重点培养骨干教师。所谓骨干教师,指的是教师集体中的佼佼者,表现优秀者、指的是在教师集体中起主要作用的人。骨干教师是全体教师学习效仿的榜样,是教师集体凝聚的核心。骨干教师的行为方向影响着学校教师集体的行为方向。骨干教师的态度和精神影响着学校教师集体的态度和精神。因此,抓住了骨干教师建设,就等于抓住了学校教师建设的一半。抓骨干教师队伍建设,关键在于校长要提高认识,要高度重视。

3.树立"名师"榜样,激励教师人人争先。名师创造名校,名校造就名师。小学校长可以把"名师"培养作为队伍发展的最高目标,要求教龄在五年以上的教师朝着"十个一"的目标努力:树立一个好形象,练就一流基本功,精通一科教材大纲,掌握一套教育理论,具备一项特长,形成一种独特的教学风格,创出一流的好成绩,总结一套好经验,熟练使用一套电教设备,获得一流的教改成果。以上内容足以促使每位教师争当骨干,争做带头人,争做科研型教师,争当一位名师。

(四)注重培养教师的爱生之心

在提高教师个体素质水平方面应当特别注意培养教师的爱心——爱学生之心。爱生之心,是一个小学教师必须具备的品格与思想感情。对学生没有真诚、真正的爱心,就不能成为一个合格的小学教师。具有对学生真诚炽烈的爱心,才有可能成为优秀的小学教师,才有可能取得小学教育的成功。因此,小学教育应以爱生如爱子,倾心育人为宗旨。如果每一位教师都能像爱自己的孩子那样爱他的学生,那么他们自然就能客观公正地看待每一个学生,既看到学生的优点,也能看到学生的缺点。就不会嫌弃厌恶有缺陷有毛病的学生,而能真心实意、设身处地地站在这些有缺陷有毛病学生的立场为他们着想，千方百计为这些学生寻找、创设适合他们自身发展的道路。就会在教育工作中热情洋溢，豪情满怀，勤奋努力，孜孜以求，不畏艰难，顽强拼搏，甘心付出，勇于奉献；就会在教育工作中充满智慧和力量，就能找到解决各种问题的办法和途径。可以这样说，有了对学生真诚的爱，小学教育才能勇往直前，不断取得胜利的硕果。爱学生，其实正是小学教师的本性。只不过在现实生活中，由于功利主义和片面追求升学率的影响，才冲淡了教师们的爱生之心，使小学教育的教育理念、教育行为偏离了正确轨道。在这种情况下小学校长要做的应当是：一、努力创设机制帮助老师摆脱功利主义和片面追求升学率的恶劣影响。为此，校长也要保持清醒的头脑和无畏的勇气。二、想方设法地激发教师们的爱生之心，引导教师们逐渐回归小学教育的本来的正确的轨道上来。

案例分析：

小学语文课上，老师要求学生用"活泼"一词造句，学生甲站起来说："李华同学性格开朗，在体育课上表现得很活泼。"老师点评道："很好。"学生乙站起来说："河里的水很活泼。"老师沉吟了一会儿，评点说："说水'活泼'不合适，这个造句不贴切。"学生乙狐疑地坐下了。

案例启示：

"活泼"一词的主要含义是"生动自然，不呆板"。学生乙的造句很富有生气，也符合"活泼"一词的含义，正反映了学生乙具有丰富的观察力和想象力。善于观察和想象是儿童的心理特征，是儿童智力健康发展的体现。教师对学生乙的造句没有给予积极的肯定，必然会限制学生乙观察力和想象力的发展。教师应注意保护和培养学生的观察力和想象力。只有这样，学生长大后，才能具有蓬勃的创新精神和创新意识。教育的艺术在很大程度上就体现在教师敏锐地捕捉教育细节，科学地处理教育细节上。如果我们的课堂教学有更多的细节被教师关注，那么我们的教育就一定会变得更美丽，更迷人。小学校长应带领教师关爱学生，注重培养他们的洞察力，促进他们的全面发展。

第七讲 经典理念铸就崭新办学思想

毫无疑问从幼年开始的好习惯是最完美的,我们把这叫作"教育",因为教育其实就是一种早年开始的习惯。所以我们看到与以后的时期相比,幼年时代学语言,舌头在学习表达方式和发音时更柔顺,关节在学各种技巧动作时更灵活。

——培根

校长是学校的法人代表,是学校整体工作的设计师、组织者和指挥员,处于控制决策的中心,是学校内部管理和改革的关键。校长的办学思想和办学风格,决定着学校的风貌、办学水平和办学效益。因此,小学校长必须具有鲜明而正确的办学思想和办学风格。校长的办学思想,应该是在马克思主义教育理论和教育思想基础上,在一定社会和教育实践活动中,直接或间接形成的对教育现象、教育规律、教育问题的认识和看法,它应综合地反映校长对教育内容、教育方法、教育形式的选择以及对教育者和受教育者的要求,其核心内涵表现在依据党和国家的教育方针,从本校实际出发,全面育人的问题上。校长的办学风格,是在坚持把马列主义、毛泽东思想为指导思想,坚持社会主义办学方向,全面贯彻党和国家教育方针的前提下,善于思考,充分发挥自身的优势和主观能动性,确定适合本校实际的工作目标和标准、管理措施和办法,大胆改革实验,创造性开展工作,形成自己的办学特色。由此可以看出,校长的办学思想和办学风格,不是校长头脑中固有的,也不是校长的主观臆断,而是在马克思主义教育理论和教育思想的基础上,在教育教学改革与发展的实践中产生和形成的。本讲将从我国经典理念中汲取出四种先进的小学校长应具备的办学思想,以供参考。

第一节　以人为本

校长是学校的灵魂,是学校办学方向的引领者,教育改革的指导者和教育理论的实践者。而校长的办学理念、办学思想是学校发展的精神动力,是学校的一面旗帜。没有理念的办学行为是盲目的,缺乏可持续发展、科学发展的力量与动力。小学校长应靠自己的理念、思想内化为教师的教育实践,并在长期的教育实践中检验、提炼、升华成以人文情愫、人本理念、和谐思想为主轴的办学的科学体系,以科学发展观为指导,突出"以人为本"理念,以育人为本,以学生为主体,不断提高学生的综合素质,促进学生全面发展,激励和鞭策全体教师为之奋斗。从办学理念、办学思想的角度看,一所学校的校长至关重要。所以,校长必须善于学习和思考教育实践中的问题,不断积累和总结办学的经验与体会,用心谋划,运筹帷幄,才能在激烈的竞争中立于不败之地,为教育事业做出更大贡献。

一、以人为本的教育内涵

以人为本,既是一种新的基本理念和新的价值取向,又是一个基本的教育工作原则。它有其深刻的教育内涵。以人为本,就是说人是教育的核心和精髓,人是教育的起点,也是教育的归宿。学校教育以学生的发展为根本出发点,在培养学生自主和谐持续发展的同时,促进教师的自主和谐持续发展。学校在办学过程中,确信每一位学生、每一位教师都有不断发展的动机和潜能,立足学生非智力因素的培育和教师实现自身价值动机的激活,注重构建和谐的人际关系,创设和谐的教育和管理情境,融合各种教育、管理力量和谐共振,促进全体学生和每位教师自主、全面、可持续的和谐发展,培养学有专长、人格健全、求实创新、和谐发展的学生,造就基础扎实、敬业爱生、开拓进取、和谐发展的教师,建设管理规范、特色鲜明、和谐发展的学校。

(一)以学生发展为根本

培育学有专长、人格健全、求实创新、和谐发展的学生是学校发展的根本。学校的一切工作都以学生的发展为根本出发点,注重学生主体地位的落实,强调学生主体精神的张扬,积极创造条件确保学生的主动和谐发展。

(二)以教师发展为保障

学生的成长发展离不开教师的精心培育,教师的工作价值通过学生的成长发展来实现,学生的成长发展又促进了教师的和谐发展。学校坚持双向育人的思想,在培养学生和谐发展的同时,着力构筑人才高地,建设一支德才兼备、结构合理、素质优秀的教师队伍。

(三)以人为本的管理思想

学校管理的核心是人的管理,人和才能政通,凝聚人、激励人、成就人是学校管理的基本目标。

二、以人为本的办学意义

坚持以人为本,树立以人为本的教育观,是树立和落实科学发展观在教育领域的具体体现,也是进一步实施科教兴国战略、不断推进教育改革与发展的根本要求。树立以人为本的教育观,就是要用以人为本的原则,思考和解决当前我国教育改革与发展过程中出现的新情况、新问题,使教育在我国的经济社会发展中真正发挥基础性和先导性作用,在促进和实现人的全面发展中发挥主渠道的作用。"以人为本"就是强调人在经济与社会生活中的地位和作用,充分调动人的主观能动性,全方位考虑人的可持续发展,发掘人的潜能和能力。以人为本是人的全面发展的客观要求,也是教育科学发展的必然前提。"以人为本"理念是科学发展观的重要组成部分和精髓所在,是科学发展观的本质与核心,其宗旨在于实现人的全面发展。从教育方面透析以人为本理念,其本质在于将"以学生为本"作为出发点和落脚点,关注学生的内在需求、个性和能力及其潜质提升,调动学生的独立思考能力、分析能力、批判能力和解决问题的能力以及创造能力,实现整体素质的全面提高,从而培育出大量国家与社会发展和创新所需的高素质人才。以人为本的理念是科学的,是先进的。知识就是力量,学生接受教育,是为了学到更多的知识,成为有用的人才。尊重知识、尊重人才也是我国不断坚持的一种治国理政的方针。引导学生努力学习,不断丰富自己的知识,成为全面发展的人才。人才是第一资源,小学校长们要大力营造尊重知识、尊重人才的校园氛围,让人才成为学校最受尊重、最受重视、最为宝贵的资源。从而使得学生们热爱学习,想要获得知识,努力成为人才。这样不但可以促进学校的发展,而且更有利于学生的发展。所以,小学校长必须坚持以人为本的办学理念,促进学生全面发展。每个个体的学生各不相同,在具体的教育实践中,应开启创新教学模式。这是以人为本教育理念的实践的核心要义,人本教育要尊重学生的主体性和主动精神,发掘学生的智慧潜能。同理,小学校长在教师管理方面亦要坚持这一原则,促进学校整体、长足的发展。

三、以人为本的办学实践

办学思想、办学观念是教育行为的先导,不可或缺。小学校长的办学思想往往是小学的灵魂,所以,校长的工作主要是要用正确的、科学的、先进的办学思想不断引导全体教职工统一认识,充分调动全体教职工的积极性,使之用积极、严谨、务实的态度投入到本职工作中,达到教育教学工作质量的优化。

（一）以人为本地实施教职员工建设

学校的管理对象是人,学校所有的事都是由人来完成的,人的工作当然是最重要的工作。人既是管理的客体,又是管理的主体。人、财、时、空、物等构成了学校管理活动的基本要素,其中人是管理活动中的核心要素。学校教育活动的本质要求校长必须树立"以人为本"的意识。以人为本就是以人为中心,着眼于人的全面发展,千方百计地挖掘人的各种潜能,充分调动人的积极性。小学应在树立"以人为本"的观念后,牢牢抓住"教师"这一教育主体,在不断提高自身综合素质的同时,想方设法提高广大教师的综合素质,调动一切积极因素,为教师成长搭建平台,为造就一支德能双馨的教师队伍创设良好环境。不断提高人格素养,建立起新型的师生关系,树立"为了一切学生,为了学生一切,一切为了学生"的现代教育思想。

1.建设一支优势互补、德才兼备的干部队伍

2.建设一支积极向上、素质优良的教师队伍

(二)以人为本地培养学生全面发展

通过深入学习实践科学发展观,小学校长应认识到,小学教育也必须符合以人为本的要求。学校要坚持"以人为本"的办学理念,以"依靠人、为了人、服务人"为基本出发点,尊重学生,关爱学生,服务学生,发现和培养学生的兴趣和特长,塑造学生大爱、和谐的心灵。和谐是一切美好事物的最大特征,是事物内部和事物之间按照内在规律协调运转的最佳状态。和谐能产生美,产生最佳组合,产生最佳效益。小学校长在办学过程中应该创造和谐积极的精神生活,构建和谐的教育要素,以和谐合作的师生关系为主线,促进每个学生个性和谐全面发展。让学生在健康的集体环境、和谐舒畅的心理氛围中通过多种多样的人际交往,丰富多彩的主题活动创设一个友善、民主、平等、互相理解、互相进取的班集体,使每个学生的个性获得健全、充分、全面的发展。

1.树立学生主体意识

2.保护学生的美好天性

3.用爱融洽师生情感

4.指引学生自我教育

5.塑造良好的集体形象

案例分析:

老师、家长都反映学生小田是个"不开窍"的孩子,一道应用题,老师课堂上讲过,家长又领着复习过,可做起来就是错误百出,一到考试就更不行了,别的同学背课文,一下子就背下来了,可他读了好多遍,还是记不住,丢三落四,常用字常写错,渐渐地对学习提不起兴趣。

案例启示:

"不开窍"只是一个通俗的说法,揭开它的面纱其实都与心理因素相关,当学生在学习上出现困难的时候,教师不可不考虑:是不是存在学习

心理问题？在设法提高孩子学习成绩的时候，一定要设法培养学生良好的学习心理品质，孩子做事丢三落四，对老师、家长的某些要求置之脑后，学习内容难以入脑，并非是头脑、智力的问题，而是他在记忆时注意力不集中；记忆时茫无目的，不知道记什么，记了有何用，记多长时间、多少内容；记忆时不讲究方法，或死记硬背或片断地记忆……要教会小田记忆的技巧与方法，如理解记忆、趣味记忆，即把记忆内容编成有趣的生活现象，让他乐于记。培养小田良好的思维习惯，独立、灵活、敏捷才是健康的思维，帮助小田树立自信心，不再是人云亦云，怀疑自己总是错，永远也品尝不到学习的成功和甜头。再之家长切不可以"笨蛋"批评、责骂他，这样会使他对自己自暴自弃，不再努力，设想思维之泉缺乏了内部动力，是不可能充分喷涌的，多给小田一些鼓励——试试你一定能行。啊，你进步了！……这便是以人为本在教学实践中的切实体现。

第二节　因材施教

教育的根本功能是促进人的成长和发展，对学生终身发展负责，这一功能应当贯穿于教育活动的始终。随着科技时代的来临，社会发展日新月异。教育必须适应未来社会对各类人才的需求，重在培养学生成才的基本素质，使学生具有终身学习的愿望和习惯，具有解决问题的各种能力。"让每个学生的个性得到充分自由的发展"是马克思主义学说中的重要观点。以学生为本，就是正确对待学生之间存在的差异，尤其是学习成绩的差异性。承认学生的差异性，就要求教师尊重学生的人格，尊重学生的个性发展，创造和谐的教育氛围，就要遵循因材施教的教育原则。

一、因材施教的教育内涵

（一）传统内涵

因：根据，材：资质，施：施加，教：教育。指针对学习人的志趣、能力等具体情况进行不同的教育。是指教师要从学生的实际情况、个别差异出发，有的放矢地进行有差别的教学，使每个学生都能扬长避短，获得最佳发展。语出《论语·为政》子游问孝、子夏问孝，朱熹集注引宋程颐曰："子游能养而或失于敬，子夏能直义而或少温润之色，各因其材之高下与其所失而告之，故不同也。"

因材施教一直是教学中一项重要的教学方法，在教学中根据不同学生的认知水平、学习能力以及自身素质，教师选择适合每个学生特点的学习方法来进行有针对性的教学，发挥学生的长处，弥补学生的不足，激发学生学习的兴趣，树立学生学习的信心，从而促进学生全面发展。

（二）现代内涵

1.因性别而教

古代女子是不能同男子一样受教育的，所以当时不存在"因性而教"的问题。但社会发展到今天，显然"因材施教"应涵盖"因性而教"。本来，男女在生理、心理上的确存在着差异，女生在生理发展上较男生一般早熟一两年，在小学和初中低年级时，女生的语言能力和机械识记能力一般优于男生，再加上学习的内容中抽象思维的成分比较少，所以此时女生的学习成绩普遍高于男生，但随着年级的升高，学习内容机械识记成分减少，相应地抽象思维的要求越来越高，男生的优势开始发展。所以，教师应看到男女生各自的优势，因势利导，帮助他们分别保持和发展各自的优势，共同进步。

2.因龄而教

根据皮亚杰的认知发展四阶段说，各年龄阶段都各有其特征，因此对不同年龄阶段的儿童，教师要因年龄特征而教。

3.因差异而教

学生的能力有大有小，基本上呈常态分布：两头小，中间大；能力的充分发挥也有早有晚，有人才早熟，但也有大器晚成；能力的结构上也有差异，有的长于想象，有的长于记忆等等。故教学时应因学生能力的个别差异而教。

4.因材施教、因教而学、因材择学相结合

在教学过程中，教师的讲授活动和学生的学习活动客观地存在着相互适应性。"因材施教",学生也应"因教而学",择其善从之,不善而改之;还应允许学生"因材择学",根据自己的能力、兴趣等特殊情况进行自由地发展。三者结合,相辅相成,既重视教师的"教",又重视学生的"学",使之达到和谐统一,共同促进学生的全面发展。

5.因性格施教

每个人有不同性格,很多学习不好的根本原因往往是性格造成的,而且不同性格的人对学习的方式和内容的敏感度也不一样。

二、因材施教的办学意义

什么是教育?教育就是帮助每个受教育者得到最适合他们意愿和天性的成长和发展,在成长和发展中体验到人性的尊严。根据霍华德·加德纳博士的多元智能理论,教育的任务就是使每个学生在其具有天赋的智能渠道里充分发展,同时提供机会,促使其较为薄弱的那些智能得到提高。而这恰恰就需要因材施教。"因材施教"是两千五百多年前由孔子提出的教学主张,时至今日,我们每每谈到教育,总会提起,但真正实行的人并不多。课堂教学是学校教育的基本组织形式,是实施素质教育的主阵地,是培养学生能力的重要渠道和有效载体。传统的课堂教学是你讲我听,课课一个样,堂堂一种腔,忽视学生能力的培养,把教育设计成工艺流程,学生当做灌装知识的容器,造成人性的压抑和教育的异化。坚持以学生为本,就要扎实地推进素质教育,更新观点,树立正确的教师观、学生观和课堂观。就要让学生成为课堂的主人,一切教学活动要通过学生的积极思考、主动参与和实践,转化成学生自己的知识和技能。教是为学服务的,在教学中,教师是组织者、诱导者、合作者。在师生交往中,对盲点、难点和疑点给予启发、点拨和激励。课堂应当成为师生互动和展示学生个性的舞台。因材施教必须在当今小学办学中得到应有的重视。

三、因材施教的办学实践

(一)因材施教的实践原则

在不同的学习场合之中,不同类型、不同能力水平学生的学习表现是极为复杂的,需要教师凭着自己的经验和智慧灵活地设计因材施教的

教法。因材施教策略的设计和施行,应遵循以下原则:

1.重视学生个性差异

2.留意观察分析学生学习的特点

3.对待成绩差的学生要做具体分析

4.要在教学中有针对性地提供教学方式

5.要引导学生认识自己的学习风格特点

(二)因材施教的实践措施

1.学校的措施

学校是实施因材施教的一个独立法人意志的机构,在教学实践中应当秉承因材施教的精神,有教无类、实现教育的公平原则。

2.教师的措施

因材施教的过程中,教师要监控学生的发展过程并适时纠偏。

3.家长的措施

因材施教同样需要家长的配合。家长在因材施教的过程中应该扮演一个主要的角色,切不可把自己扮成旁观者和不相关者,错误地把教育只当成是学校和老师的事情。

案例分析:

小毛的妈妈经常为孩子急得直哭。小毛迷上了游戏机,一次,一次,又一次,妈妈把小毛从游戏机房拽回来;一次,一次,又一次,小毛挡不住游戏机的诱惑,偷偷溜进游戏机房,急得没法子,小毛妈妈只得每天提前到校接小毛回家看书做作业,双休日更是形影不离。

案例启示:

表面上看,孩子没有去玩游戏机了,实际上孩子的注意力并没有真正转过来,因为小毛学习时仍三心二意,成绩依然如故,从客观上讲,游戏机动感强烈,内容新奇多变,色彩鲜明,极容易吸引孩子们的注意力,从主观上讲,小毛缺乏对学习的兴趣,缺乏对学习目的性的认识,缺乏良好的意志品质,因而他很容易使注意离开学习而指向于游戏机,这就造成了小毛对学习三心二意,对游戏机可却是一心一意;学习时注意力分散,玩游戏机注意力却集中了!

可以用有吸引力的刺激物吸引孩子,即转移孩子的注意力,如带孩子上公园走走,踢踢足球,买些孩子喜欢的读物,把孩子的注意力从游戏机引开去,不要急着硬逼孩子学习,因为孩子本身就不爱学习,正如你"强按牛头",牛仍然不会饮水一样。引导孩子逐渐明确学习的目的和任务,开始时可以提出少量学习任务,以后逐渐提高要求,逐步让学生学会自己提出学习任务,自己完成,自己督促检查。教给孩子一些调控注意力的方法,学习时间过长,可以听听舒缓的音乐,远眺绿色,休息一会儿,再来学习,另外可在书桌旁贴上由孩子自己撰写的自警语录,如"有志者事竟成""战胜自己、挑战自己"等,增强自我控制能力。要依据不同的情况,以及孩子个性的变化而制定教育策略。

第三节　实事求是

教育需要思想。需要有思想的教育学者,去解释教育的现象、揭示教育的真谛,预见教育的未来。同样,学校需要有思想的校长,用思想凝聚人心,用理念引导教育和管理,用精神去激励师生,创出先进的办学模式。因此,校长的办学理念与办学思想,首先应具有实践性和可行性,要与学校、社会的主客观条件及教育规律相适应。好高骛远、脱离实际行不通,墨守成规,缺乏前瞻缺乏活力。校长的办学理念与办学思想要把握时代特征,社会发展趋势,具有时代性和社会性。教育理所当然地要从实际出发,实事求是,以各种形式满足时代和社会各方面的要求,竭诚为时代和社会服务。时代和社会对学校教育的多样化要求,是学校办学思想、办学理念孕育、生根、发芽、成长、升华的基础,脱离了时代和社会的理念和思想是没有任何实践价值的理念和思想。

一、实事求是的教育内涵

实事求是,指从实际对象出发,探求事物的内部联系及其发展的规律性,认识事物的本质。指按照事物的实际情况说话办事做学问,很多学校都把此作为自己学校的校训。"实事求是"一词,最初出现于东汉史学家班固撰写的《汉书·河间献王刘德传》,讲的是西汉景帝第三子河间献王刘德"修学好古,实事求是"。明朝王阳明在宋代朱熹"格物便是致知""理在事中"的基础上,提出了"知行合一"的观点,倡导"实事求是"的学风。这原本指一种严谨的治学态度和方法,是一个经学和考据学的命题,也是中国古代学者治学治史的座右铭。

延安时期,毛泽东在总结中国共产党的历史经验教训时,借用中国古典,提出了"实事求是"的口号,这一口号后来被作为党的思想路线的概括表述。新时期之初,邓小平总结建国以来我们党的成败得失,面对"两个凡是"的错误主张,提出了"解放思想,开动脑筋,实事求是,团结一致向前看"的口号,丰富了"实事求是"思想路线的内涵。进入21世纪,江泽民针对世情、国情、党情的深刻变化,指出"马克思主义具有与时俱进的理论品质。""全党同志要坚持马克思主义的科学原理和科学精神,善于把握客观情况的变化,善于总结人民群众在实践中创造的新鲜经验,不断丰富和发展马克思主义理论。""解放思想,实事求是,与时俱进,开拓创新"又进一步丰富了党的思想路线内涵。因此人们对"实事求是"的认识,有一个历史发展过程。

其实,实事求是亦可以当做是新时期小学教育的指导思想。胡锦涛总书记在党的十七大报告中指出:科学发展观,第一要义是发展,核心是以人为本,基本要求是全面协调可持续,根本方法是统筹兼顾。科学发展观是当前我国发展社会经济的理论基础,对各行各业的工作具有统领作用,对于小学办学的发展也具有重要的指导意义,因此,小学发展目标的制定必须符合科学发展观的要求。在制定小学的发展目标时,既要解放思想,打破条条框框的束缚,又要实事求是,从学院的实际情况出发,科学合理地确定发展目标,只有这样,才能实现学校又好又快地发展,从而提高对教育的贡献率。

二、实事求是的办学意义

极目中国教育的发展前景,邓小平理论的精髓"解放思想、实事求是",一直是教育工作的灵魂和推动教育事业前进的法宝。它有力地推动和保证了教育战线的拨乱反正,使改革开放以来中国教育硕果累累,并且开拓了我国教育事业改革与发展的新局面。为适应我国社会主义初级阶段社会发展的需要和 21 世纪知识经济时代的挑战,落实"科教兴国"战略,为面对新情况、解决新矛盾新问题,为努力培养同现代化建设要求相适应的数以亿计高素质的劳动者和数以千万计的专门人才,建立起适应社会主义市场经济和社会全面进步需要的教育新体制,并初步形成全面提高民族素质和创新能力的教育体系的基本框架。为适应信息时代,适应终身学习的要求,开创我国教育事业振兴和繁荣的新局面,小学办学必须继续坚持"解放思想,实事求是"的思想路线,加快现代远程教育工程建设,促进教育现代化,突破传统教育中时空的限制,实现教育资源共享,优化资源配置,推进教育和学习的终身化,进一步深化教育改革。这就要做到一是调整教育结构,大力发展特色教育,积极稳步发展个性教育;二是加快教育管理体制和办学体制的改革;三是改革教育投资体制,进一步加大教育经费投入力度,力争有突破性进展。以此,来践行实事求是的办学理念,推动小学办学、教育的现代化进程。

三、实事求是的办学实践

科学发展观的关键在于实事求是,按客观规律办事,因为科学发展观与实事求是是一脉相承的。如今升学率被看做是衡量教育发展的指标之一。将升学率作为教育发展的全部,作为衡量学校、教师优劣的标准是十分有害的,这其中必然是以牺牲学生全面、协调、可持续发展为代价的,也不利于教师的健康发展,因此不能成为科学的教育发展观。可是在现实生活中,在应试教育盛行的大环境下,我们的教育只追求升学率的现象不在少数。教育的功利性太强,以考试为指挥棒,教师为考试而教,学生为考试而学。教师教着痛苦,学生学着也痛苦,并且忽略了大多数青少年的全面发展,更看不到培养中华民族合格公民的紧迫任务。教育要通过解放思想,实事求是,回归本源。

(一)解放思想,实施素质教育

素质教育是教育发展必然的结果,是对教育本质的一次新的深入的认识,这是人类用聪明才智认识和改造世界的又一个成果。小学校长需要认识它、把握它,为适应这一新的教育观念,则必须解放思想。实施素质教育需要对教育的目的任务进行新的认识。党的教育方针明确了我国教育要培养德、智、体全面发展的社会主义事业的建设者和接班人。这是国家的大方针,是在具体工作中必须认真执行的方针。这就需要校长的思想从传统的读书、毕业的教育观转换为成才、发展的人才观。

(二)实事求是,推动教育现代化

实事求是,是科学的工作作风。每一位教育工作者都应以实事求是的态度对待教育所面临的机遇和挑战。邓小平同志指出我们应根据国情搞建设,办教育也是如此,应当根据实情来办。

大到国家建设,小到个人的事业,要想取得成功,实事求是都是我们不可缺少的法宝。可以说,它是一种素质,是一种能力,更是一种品质。小学校长作为一个比较特殊的群体,正站在校园与社会之间,肩负着重任。所以,作为小学校长,应该少一些虚荣,多一些务实;少一些妄想,多一些理性。还应该从实际出发,解放思想,实事求是。

案例分析:

小俪,女,十二岁,白白净净,爱打扮,是家中的小公主,长这么大从不会自己洗头、洗澡、铺床,什么家务也不会干,过着饭来张口衣来伸手的日子,平时看着满头大汗的父母无动于衷。

案例启示:

随着人们物质生活水平的不断提高,家庭条件的改善,孩子有了比较优越的学习生活条件,但参加劳动和锻炼独立生活能力的机会相对减少,造成小俪现象的原因主要是父母对小俪过分溺爱,许多孩子的父母将孩子视为掌上明珠,家庭中的"宝贝",有的家长片面地认为让孩子吃得好、穿得好,享受得好就是爱,这样导致孩子过着"饭来张口,衣来伸手"的生活,养成了懒惰习惯。家长"望子成龙"心切,重智育忽视劳动教育,只要求孩子写好字、念好书,学习成绩好,而对孩子参加劳动则认为是浪费时间,说孩子长大了自然就会干活,凡事不让孩子动手,不让实践,结果不仅孩子的智力得不到发展,而且孩子的身体也得不到锻炼。据此,要实事求是,在教育中遵循以下方法:

1.教育孩子树立劳动光荣的思想。劳动是人类区别于其他动物的本质特征,劳动不但创造了世界,而且创造了人类本身,要教育孩子珍惜劳动果实,使孩子懂得每天吃的粮食、住的房屋、穿的衣服、学习用的文具等都是劳动人民辛勤劳动的结果,"谁知盘中餐,粒粒皆辛苦",从而使孩子们确立劳动光荣的思想。

2.激发孩子的劳动兴趣。孩子参加劳动是具有选择性的,往往以兴趣作为主导,他们经常对大人的劳动显得很感兴趣,教师要善于对他们进行劳动的启发教育。首先,教师在劳动中应多做示范,以感染、影响他们,激发他们的兴趣。其次,要保护孩子们的劳动兴趣。积极鼓励他们参加劳动,对劳动中取得的成绩应给予肯定和表扬,假如劳动结果不令人满意,也不能随便否定,而应当肯定成绩,并善意地帮助孩子分析找出不足的原因,和孩子们一起完成劳动任务,使孩子获得劳动成功的快乐,这将会极大地提高他们的劳动兴趣。再次,劳动时间不宜过长,应注意劳动强度,否则,孩子会把劳动看做是一种负担,从而失去劳动兴趣,产生消极影响。

3.培养孩子的劳动自觉性。孩子的劳动自觉性的形成,很大程度上受家长的影响,如果父母勤劳,辛辛苦苦地干活,必然促使孩子们自觉地帮助父母分担一些劳动的任务,教师可以每天适当分配一些劳动岗位和劳动任务给孩子,并加强对完成任务的检查,促使孩子主动去完成,养成劳动的自觉性。

4.培养孩子的劳动习惯,劳动习惯的形成能有效地促进孩子独立生活能力的提高。首先,组织学生参加学校安排的具体劳动,做到团结互助,不怕脏累。其次,让孩子从小学会料理自己的生活,养成参加力所能及的自我服务劳动习惯,自己的事情自己做。再次,教育孩子体贴父母,做家务劳动,做好长辈的小帮手,委托孩子完成一些为全家服务的任务。

第四节　创新求变

一、创新求变的教育内涵

校长的办学理念、办学思想应该是校长及其校长队伍引领下的学校管理层面集体智慧的继承与创新,因而,它具有继承性和创新性。校长之所以是校长,是因为他置身一所学校而言。校长的教育思想可以是大众化的,但校长的办学理念、办学思想还有其独特的一面,应该说是和一所学校相联系、相依赖的,固然有其大众化一面,但必须有其特殊的一面——针对所置身的学校的一面。因此,要继承历任校长及校长队伍引领下的管理层面,甚至师生员工思想火花中有益的东西,将之提炼、总结、实践、丰富、发扬、升华到理性的高度,形成一个理论系统,才能上升成为理念、思想,同时要在教育实践中不断践行,才能得到创新和发展,使之成为校长办学过程中的精神财富。校长的办学思想与办学理念应具有严谨的科学性和高度的理论性。办学理念和思想应该是一个体系,是校长办学过程中根据学校历史渊源、教育或社会发展、时代特征等条件形成关于办学实践的理论提炼和结晶,创新求变的教育内涵应该是关于管理、教育、教学等方面的体制、机制的科学化、规范化、系统化、理论化。

二、创新求变的办学意义

(一)实施创新教育是知识经济赋予小学教育的历史使命

在知识经济时代,经济的增长、财富的创造不再依靠物质性资源的投入与消耗,而是依靠知识和信息的生产、分配和使用。一个国家、一个民族只有拥有大量的创新人才,才具备发展知识经济的巨大潜力,否则就会失去知识经济带来的机遇。知识经济时代需要大量的创新人才,给教育提出了重要而紧迫的任务。目前若以创新精神来要求,我国小学教育存在不少问题,主要表现为:

1.灌输式的教学方式

2.记忆式的学习方法

3.单一化的人才培养模式

4.狭窄的知识面

变革教育思想观念是创新教育的先导。中国教育要走出困境,适应社会经济和科技的急剧发展对人才的需要,也应从根本上改变教育模式,更新传统的教育思想观念,才能为知识经济的到来提供强有力的人才保障和知识贡献。

(二)实施创新教育是增强综合国力的需要

创新是一个民族进步的灵魂,是国家兴旺发达的不竭动力。在世界经济日趋一体化,竞争日趋全球化的今天,创新成为经济发展的根本动力,只有创新才能促进科技进步,带动产业结构的不断升级。创新人才的产生主要靠教育。因此教育能否为这种不断更新的技术提供源泉——知识和创新人才,直接关系到中华民族在21世纪的命运。

三、创新求变的办学实践

(一)树立创新观念

教育思想观念是人们对教育这种社会现象的比较系统的、理性的认识。更新教育思想观念,是教育改革与发展的必然趋势,其过程是一个具有自省性的自我超越过程,是在扬弃的同时,赋予新时代的思想。况且知识经济是一个创新的时代,不打破传统教育思维模式的束缚,就难以产生创新的行动。在跨入新时代之际,创新教育的兴起必须以思想观念的更新为突破口。

(二)学会取长补短

创新教育不否定以往教育的合理性,旨在克服传统教育的弊端,最大限度地培养学生的创造力,最快速度地实现知识创新。创新教育的成功实施,首先要使创造力的伟大价值深入到每位公民的心里。创造是可操作的,发展创造力就是维护人类的天职,就是珍惜人类进化的成果。

(三)提高创新教育的能力

1.以开放的思路办教育,采取更为灵活的办学方式。

2.灌输终身学习的观念。

3.树立开放观念。以开放、灵活的思路办教育。

案例分析:

小冬圆圆的脑袋,大大的眼睛。在许多技能上,表现得超出 11 岁孩子的水平,不但会骑自行车,还学会驾驶"小汽车",讲起故事来眉飞色舞,活灵活现,动画片过目不忘,就是这样一个样样都行的孩子,就是学习成绩不好,这孩子什么都不怕,就是怕上学,怕上课,怕看书,怕做作业。

案例启示:

小冬对学习的厌恶情绪称为厌学,造成厌学的原因有:学校教育因素,如学风、学业负担、不和谐的师生关系;家庭教育的因素,如破损家庭、严厉的教育方法、家长的期望值;交往伙伴的因素和孩子自身因素。究小冬厌学之原因是他骑自行车摔伤腿,在家休养一个月,爸爸怕他寂寞,给他买了台游戏机,于是小冬每日乐此不疲,越玩越有劲。上学后,连续三次单元测验均是倒数第一,父亲一气之下摔坏了游戏机。妈妈买了一本又一本练习册,除了做还是做,几个月的压力太大了,小冬把一切都归罪于"学习",对学习的厌恶,导致学业的不良。学业不良的后果,强化了他对学习的厌恶,如此恶性循环,聪明的小冬成了有名的"后进生"。针对这样的状况,可以采取以下的新型教育手段:

1.采用亮点诱导,就是在肯定小冬的优点、长处、优势、特点的基础上,充分张扬其优点,发挥其长处,突出优势,发扬特点,使小冬看到自己的潜在能力,树立搞好学习的信心,产生积极的学习行为。

2.利用十分钟队会或午间俱乐部时间请小冬进行技能表演,如"故事会"等,渐渐地对搞好学习产生了需求,再也不那么害怕学习了。

3.逐步提要求。要求孩子一点一点进步,切忌操之过急,切忌拿孩子的短处与其他同学的长处进行比较。

第八讲　新行动新作风
全面开展新时期办学工作

　　一个人的整个生活全以儿童时期所受的教导为转移，所以，除非每个人的心在小时候得到培养，能去应付人生的一切意外，否则任何机会都会错过。

——夸美纽斯

　　2001年6月，中共中央、国务院《关于深化教育改革全面推进素质教育的决定》作了最为明确、准确的表述："实施素质教育就是全面贯彻党的教育方针，以提高国民素质为根本宗旨，以培养学生的创新精神和实践能力为重点，造就有理想、有道德、有文化、有纪律的德智体美等全面发展的社会主义建设者和接班人。"素质教育内涵十分丰富。从素质教育的定位看，宗旨是提高国民素质，目标是培养德智体美全面发展的合格公民，灵魂是思想道德教育，重点是提高创新精神和实践能力。从素质教育的功能看，素质教育充分考虑人和社会发展的需要，尊重学生的主体地位、主动精神和个性差异，注重形成健全的人格。从素质教育的价值取向看，素质教育关注"人的发展"，并以促进学生的发展作为核心价值。就素质教育的根本而言，素质教育就是全面贯彻党的教育方针。人的素质是一个有机整体，素质教育也是一个有机整体。素质教育不是针对部分学生的"精英教育"，而是面向全体学生、为了全体学生的"大众教育"；不是压抑学生发展的"片面教育"，而是促进学生德智体美和谐发展的"全面教育"；不是追求升学率的"被动教育"，而是鼓励学生热爱学习、创新思考和乐观生活的"主动教育"。在素质教育如火如荼的推进阶段,"全面提高学生素质,减轻学生课业负担"已成为政府、教育部门以及老百姓热切关注的问题,各种有关提高学生素质减轻课业负担的教改活动也层出不穷,然而实际奏效可行的方法并不太多,有些活动往往花拳绣腿,不仅没有减轻学生课业负担,反而影响了常态的教学进程。可见,全面实施素质教育是一项任重而道远的任务。一支出色的乐队,少不了优秀的指挥家,要办好一所学校,不能没有好的校长。校长是一校之魂,一名好的校长是办一所好学校的基础,因为校长的人生观、教育观,直接影响着学校的教育教学工作和教师行为,校长的组织能力、管理能力决定着教育方针在学校贯彻好坏、教育改革成败。在全员实施素质教育的进程中,小学校长亦是任重而道远。

第一节　推进素质教育进程

一、全面贯彻以人为本的办学思想

（一）以人为本地实施教职员工建设

1.建设一支优势互补、德才兼备的干部队伍

要依据干部队伍成员的年龄、能力、脾气秉性等结构特点,形成优势互补、德才兼备、人尽其才的核心力量。集体的工作目标要紧紧围绕校长的办学思想和办学目标,心往一块想,劲往一块使。相互融合,团结上进,力求达到整体大于部分之和的效果。优秀的干部必须具备五个条件:师德正、业务精、能力强、成绩优、威信高。干部队伍重在建设,校长作为干部队伍的核心和带头人,其人格魅力、亲和力和融合力对干部队伍建设起着非常重要的作用,它关系到干部队伍是否团结一致,工作作风是否严谨务实,能否在群众中树立较高威信,教育教学工作是否全面高效落实。工作中,校长对待其他干部成员始终坚持"以诚相待,团结至上"的原则,大家相互支持、共同提高,从而使我校形成凝聚力、战斗力较强的集体核心,为优质、高效地开展各项工作奠定了坚实的基础。干部队伍建设还要紧紧抓住学习这一重要内容。用科学的理论武装头脑,不

断提升各种素质,力求理论与实践的统一,纯洁与先进的高度统一。

2.建设一支积极向上、素质优良的教师队伍

要实践办学思想,就必须建设一支积极向上、素质优良的教师队伍。从学校工作的特点来看,教师是学校办学的中坚力量。校长的办学理念、决策要靠广大教师去贯彻落实,学生的发展有赖于教师的共同努力。因此,以人为本的立脚点应通过尊重、理解和关心教职工,调动他们的积极性和创造性来实行。

(1)以教师为本,用真情凝聚人心

情感是人对客观事物的态度及相应行为的反映,良好的情感有助于积极态度的形成和增强行为的动力。相互信任是维系情感沟通的基础,教师对校长的信任是以校长具有良好的人格魅力为根本的。提高自身的人格魅力要勤于学习,努力学习政治理论和科学文化知识,不断提高综合素质。校长的人格魅力还来源于工作实践,凡要求教师做到的,校长必须以身作则,率先垂范,不滥用职权,不以权谋私。校长要严格要求自己,不断反省。这样才能容易博得教师的信任,产生积极的反应。校长要与教师多交往,多谈心,视教师为朋友,建立友谊。要多倾听群众的意见,以忠诚、宽厚的胸怀去对待他们,以自己热心的关怀去感召他们。要关心、体贴每一位教职工,用高度热情帮助教职工解决后顾之忧,使他们真正感到关心和温暖,这样才能使校长和教师同心。

小学校长要有"海纳百川"的胸怀,听得进教师不同的语言和声音,接受教师参与监督和管理。尊重教师的劳动,维护群众的民主权利。信任、关心、爱护每一位教职工,要积极为他们提供和创造各种有利的条件和机会,使教师产生愉快的内心体验,唤起他们的主人意识,激发他们的创造力和聪明才智。要用发展的眼光看待教职工,不求全责备,及时地帮助教师冷静地分析、对待和处理工作中的问题,对教职工要用博大的胸怀,宽容的心态去审视和对待他们。有了宽容才能最大限度的团结人,教师队伍建设才能兴旺,教育事业才能发达。

(2)积极引导,严格要求

人不仅有缺乏性需要,还有成长需要。教师的成就需要是对事业的认识、情感、行为较高水平的追求。所以要紧紧围绕教师的成就需求,抓住对教育事业的行为追求,引导教师树立较高的目标追求,把教育工作不仅仅作为谋生的职业,而是作为为之奋斗的事业来对待,培养教师强烈的事业心和责任感。

环境和教育对人的影响也是极其重要的。所以,要在校园内努力营造爱岗敬业、无私奉献、追求高质、高效的积极氛围,构建团结向上的精神家园。对教师行为的要求应对教师的成长负责。教师的成长需要领导者的高标准和严要求。在理论上,要求教师不断加强学习,接受新知识、新理念,大脑不断"充电",使新的观点和教育理念成为教师行为的理性支撑,从而促进教学工作和教育教学研究。业务上,要求教师提高自我工作标准,不满足于现状,精益求精。要求教师善于总结,不断反思,继承经验,改进缺点。加强教师间的交流、沟通与研讨,相互学习,共同提高。工作中,要求教师规范操作,科学管理,严谨务实,爱岗敬业。高标准对教师的成长将起到积极的引导和推动作用。

(二)以人为本地培养学生全面发展

1.树立学生主体意识

在传统的教育理念和体制下,学生们习惯于把教师视为至高无上的权威,教师的话就是圣旨,毫无批判地全盘接受,学生没有自我主体意识,就更谈不上主体性的发挥了。在人本教育中,要培养学生的主体意识,变被动的"要我学"为主动的"我要学",从单纯的学知识到主动自觉地掌握知识,促进学生全面发展。所以,必须坚持以人为本的先进的办学理念,走科学的发展道路,不断探索,不断前进,为社会培养人才,使学生将来能够在社会的各个领域发挥自己的聪明才智,为社会为国家作贡献。

2.保护学生的美好天性

小学生丰富多彩的天性中,好奇心、求知欲是尤为强烈的。学生们强烈的求知愿望能够因良好的环境和适当的教育而不断得到强化。反之,在不适当的教育中也可能夭折,一道禁令,一声呵斥,乃至一丝无意识的嗤笑,都会给学生的求知欲望带来负面影响。小学校长要引导教师用他们的耐心、爱心和细心,发觉、保护学生们的好奇心与求知欲,用可持续发展的目光注视学生的美好天性。

3. 用爱融洽师生情感

教育如果没有情感,没有爱,就如同池塘里没有水一样。没有水就不能成为池塘,没有情感,没有爱,也就没有教育。感情是教学的催化剂。教师们要注重用各种方式与学生联络感情。只有在情感交融、和谐美好的师生关系中,学生的身心才能得到健康和谐的发展。校长要督促教师们去尊重学生的人格,用博大的胸怀、宽容的心态去审视和对待学生,用发展的眼光去对待他们的缺点和错误,用人格魅力感染学生,用美好的心灵去唤醒学生的潜能,用一个灵魂温暖、唤醒另一个灵魂。坚持以人为本,就是要把学生当成管理对象,又要当成服务对象,全面落实学生的主体地位。

4. 指引学生自我教育

人不能脱离现实的社会环境而存在,但却总是生活在特定的生活环境中,并且在扮演着一个能表明自我的角色。学生也不例外。他的性格与特长,决定了他将是什么样的角色,而这一角色又决定了他有什么样的思想水平与行为方式。角色定位分成自我定位与他人定位两种,对于心理发展尚不成熟的学生来说,他人定位,尤其是教师对于学生的定位显得尤为重要,它对于学生的成长更具决定性的作用。小学校长要教导教师们去根据学生的实际,采用和谐的教育手段,把引导学生成长的渐进过程,变为自我教育的过程。

5. 塑造良好的集体形象

班级形象,是一个班级长期形成的精神面貌,是经过长期的细致的教育和严格的训练在全班成员中逐步形成的一种行为风气和不易更改的习惯势力,体现在全班成员情绪、思想、言行、情感、意志、风格、习惯的共同倾向中。它虽然是一种摸不着、测不到的精神状态,但班级成员无时不在感受着它的魅力和教育力量。教育无止境,教育不是知识的简单叠加、方法的重复,而是文化的积淀、方法的创新。真正的教育应包含智慧之爱,是人的灵魂的教育,而非理智和认识的堆积。教育本身就意味着去用一个灵魂唤醒另一个灵魂。小学教育要力争为每个学生创造和谐愉悦的教育氛围,让教育在和谐中焕发无穷的魅力。

案例分析:

小李,男,9岁,小学三年级学生,在幼儿园里就比其他孩子明显好动,上小学后,这种情况有增无减,主要表现在:上课时不遵守纪律,坐不了多长时间就晃动椅子,经常惹周围的同学。注意力不集中,东张西望。课余活动爱搞"恶作剧",在家表现得任性、冲动,稍不顺口,就大喊大叫,甚至在地上打滚,此外精力特别充沛。

案例启示:

多动症的特征为:注意力不集中,偶有集中注意的时候也是短暂的,且很容易受外界的影响而转移,多动是该症比较突出的症状之一,"多动"不仅是活动过多,而且活动时动作不协调,学习困难,任性冲动,情绪不稳定,均是症状之一,而且老师反映,小李脑子并不笨,当他专心时比一般同学学得还快,就是因为好动分心,使得学习成绩只能屈居中游。综上所述,小李具有较多的多动症表现,但是,具有较多的多动症表现并不一定说是多动症。

对于好动的孩子,最需要的是老师的爱心、关心和耐心,从培养良好行为习惯入手,耐心纠正孩子的好动行为。纠正中要坚持鼓励,积极强化,当孩子有一些自制行为的时候,当孩子能持续一定时间注意的时候……老师要及时肯定,并循序渐进对孩子提出要求。让孩子适当进行一些手脚协调、左右手协调、手脚与身体其他部位协调之类的活动,对纠正孩子好动行为有明显的效果。

二、全面贯彻实事求是的办学思想

（一）解放思想，实施素质教育

要求小学校长认识到小学教育不仅要为上一级学校输送合格的毕业生，还应该以人的发展为本，为每一位学生今后的生长和发展打下基础。社会发展的需要是素质教育的出发点，不论是输送的人才，还是自身的发展都必须适应社会的发展、成为社会所需要的人。因此闭门造车式的教育必然被时代所淘汰。所以，小学教育要适应经济发展和社会进步，每一位小学校长必须牢牢记住小平同志所说的："教育要面向现代化，面向世界，面向未来。"课堂是教学的主阵地，教师是实施素质教育的关键所在。在教学过程中起主导作用的是教师的教学思想、方法和手段。应改变以往教师通过"传道、授业、解惑"向学生单向传授知识、方法、技能的教学模式，使教育从灌输知识转变为培养学生学会自学和独立思考。要实施以培养创造能力、创新精神为核心的素质教育，需要转变观念，重新认识教师在教学中的地位和作用，摆正教与学的关系。

（二）实事求是，推动教育现代化

1.开展素质教育需要有一个逐步认识、发展、提高的过程，希望一蹴而就是不现实的。

2.教育工作的全部任务是全面贯彻教育方针，面向全体学生，使他们能全面、活泼、和谐地发展，提高学生素质是每门学科每位教师的共同任务。今天的教学，不仅是为学生掌握知识和技能，更重要的是为他们的终身学习、持续发展打下坚实基础。

3.人的体质、智力是有差异的，人的生长和发展进程也是有差异的。学校教育受师资水平、设备条件、地区经济、教育思想等多种因素的影响，其教育质量也存在客观的差异。教师面对不同的学生开展因材施教，领导面对不同的教师和班级也应因材施管。要以实事求是的态度认识差异，承认差异，不搞一刀切，不搞形式主义，因地制宜积极开动脑筋提高教育水平。

4.在教学活动中主要应当处理好教与学、主导和主体的关系,不管利用多么先进的教学设备,如果把学生当做观众,教师表演得再精彩,教学效果也是有限的。要改变一本书、一本作业本、一支粉笔、一块黑板、一言堂的教学现状,目前在开展的教学模式研究是一条有效的途径,应积极投入。一种科学的教学模式,能以较小的投资获取较大的效率。

5.影响教育质量的因素是多方面的,起决定作用的是教师的知识水平和教学能力。一个有教学功底、事业心强、爱学生、能辛勤耕耘的好教师,在任何条件下都会取得比别人好的教学效果。要提高素质教育的质量,关键是要有一支高素质的教师队伍和干部队伍。解决教育遇到的难题,必须以科学的眼光看待学生的发展,必须回归实事求是,按客观规律办事的工作态度。

6.学生的成长是有规律的。学校的发展是有规律的。教学的设置是有规律的。活动的安排是有规律的。按教育规律办事,促使学生德智、体、美、劳全面发展,使之成为"四有"新人,是小学的办学宗旨,是科学的教育发展观,是实事求是的必然结果。

案例分析:

小晨一天到晚总是忙忙乱乱的,做事毛手毛脚,慌慌张张,丢三落四的,每天上学总要把一些学习用具遗落在家里。平时挺聪明的,一到考试总因为马虎,错好多题;在家做些事也是摔坏这个,碰坏那个,父母、老师怎么提醒也不管事。

案例启示:

做事马虎、毛躁、慌张、丢三落四是行为习惯较差的表现,这样的孩子往往待人热情外向,爱交朋友、爱帮助别人,小晨过高地估计自己,认为自己任何事都能办,可总是由于自己的毛病不能把事情办好,显然,这样的孩子做事计划性不强,做事又没有常性,做事条理性差,随意性太强。久而久之,没有养成良好的习惯。教育中可以采取以下手段:

1.扬长避短。当孩子对新鲜事物产生新奇感,有强烈热情时;当孩子对同学的一些事情表示要予以热情帮助时……老师要及时对其正确引导,提示引导孩子如何才能把事做好?由于马虎会造成什么损失?引导的目的在于使学生养成在做任何事时,都应认真细致,思考在前,就会使学生在思想上重视自己做事的成功率,由于事前的思考和重视结果,就会调动孩子自身的内在潜能,克服他做事马虎、毛躁、慌张、丢三落四的坏习惯。

2.事事养成计划性。老师利用晨会、周会或个别教育的时间,教育学生一个人不管做什么事,都应有一个周密的计划,先做什么,后做什么,事前做哪些准备、如何开始等,也可以教会学生在做事之前用一小纸条,写上自己要用的物品及时间安排,如做到晚上整理书包,早上出门前的思考等,都会产生事半功倍的效果。

3.放手让其独立。经过帮助和引导后,应让学生独立完成某一件事,其间可能会碰到这样或那样的困难,但要让学生去碰,要知道对于学生来说:自己的教训是最好的教训,自己亲身体验的经验是最好的经验。

三、全面贯彻创新变革的办学思想

(一)树立创新观念

人类社会的每一次重大变革,总是以思想的进步和观念的更新为先导,教育改革的进程,教育模式的转变,也同样不能离开思想的不断解放和观念的不断更新。

(二)学会取长补短

教育是创造的基石,教育的责任就在于有效地培养人的创新精神,开发创造力,并教给人们更有效地创造方法。思想支配行动,学校培养的学生如果具有以创造为核心的现代教育思想,就会勇于进取,勇于创新,其创造力会得到充分的发挥。学校应确立发展个性的原则,个性品质是人的潜能所在,是创造力的源泉。知识经济时代要求小学培养的学生不仅能全面发展,而且应个性鲜明,具有创新能力。因此,小学应在办学实践中形成自己的风格,鼓励教师形成自己的教学风格,教无定法,贵在得法,尊重学生的天赋优势和人格个性特长及学生与众不同的疑问和标新立异的观念,促进学生个性的发展。

(三)提高创新教育的能力

1. 以开放的思路办教育,采取更为灵活的办学方式

搞好学校之间的交流与学习,实现校校之间资源共享,优势互补。提高办学效益,并向社会开放,学校教育与社会教育结合,走产学研相结合的道路,共抓人才培养,使小学在为经济建设服务,推动生产力发展中培养储备人才。

2. 灌输终身学习的观念

传统上,学习被仅仅理解为是以大学为终结点的学校学习,一次学习,终身受用。但是当今世界是社会协调和持续发展的时代,并正向知识社会迈进,人将是知识社会的主体,教育将突破时空局限,并越来越成为一种学习过程。一次性学习的旧观念已无法应对时代的挑战,新的学习观——终身教育必将兴起。

3. 树立开放观念

以开放、灵活的思路办教育。中国的学校是名副其实的学校,四周有较高的围墙,校园内有完备的教学设施,我们的教育模式是封闭性教育,在封闭的校园内,灌输课本知识,学生两耳不闻窗外事,对社会经济的发展知之甚少,课程安排多,学生忙于上课,疲于应付,缺乏自由的活动时间。而西方的教育模式是开放性教育,学制不长,灵活多样,课程不多,学生大量课余时间用于自学研究,自发组织各种兴趣活动,充分发挥了学生的主观能动性。我国的小学教育应该予以借鉴。

第二节　注重学生个性化发展

要注重学生个性化,就要全面贯彻因材施教的办学思想。因材施教并非是要减少学生的差异。实际上在有效的因材施教策略影响下,学生学习水平的发展差异可能会更大,因为能否充分得益于受教育条件,这

本身就是潜能高低的一个表现。在较适宜的学习条件下,潜能低者能够开发出潜能,潜能高者会发展得更快。教师对于不同水平的学生应设计不同的发展蓝图,这样才能有意识地进行培养。

一、坚持原则,关注学生个性

1.重视学生个性差异

当前教育忽视个性、过分统一化的弊端,压抑了学生的个性发展,对学生的成长十分不利。我国古代著名的教育思想家孔子提出育人要"深其深,浅其浅,益其益,尊其尊",即主张"因材施教,因人而异"。所以,以人为本的教育要重视学生的个性差异,因材施教,尽可能地让学生人尽其才,才尽其用。

2.留意观察分析学生学习的特点

学生在出现问题时的表现尤其是值得分析的迹象,从中有可能发现他们独特的认知特征和动机倾向。教师要多提这样的问题:"为什么会感到困惑?""为什么出同样类型的错?""为什么会出现反常现象?"学生学习中明显的特长也是值得关注分析的,从中可以发现学生擅长解决什么样的问题和学习的动力所在,分析学生在什么状况下学习特别顺利,在思维和理解方面具有什么特点等等。通过观察分析,了解学生的特性。

3.对待成绩差的学生要做具体分析

有的学生因为思维水平较低,有的学生因为学习风格的限制,有的学生因为学习动机的障碍,导致了学习成绩差。在实际情景中,动机因素和能力、风格的因素是交杂在一起,相互作用的,因此,必须从动机的激发和学习方法的指导等多方面入手,采取不同的措施使学生在自尊自信的状态下学习,对于能力水平低的学生尤为重要。如果教育不得法,抹杀了能力较差学生的自尊心,则无异于雪上加霜,抽去了他们发展的动力之源。

4.要在教学中有针对性地提供教学方式

有研究表明,当教师的教学风格与学生的学习风格相匹配时,有利于提高学习成绩。比如,对于喜好图像表征的学生用图式来讲解概念,避免把喜欢安静的学生安排在教室门口坐等。由于任何认知风格都不会适用于所有的知识学习,如果学习者在学习中坚守某一种认知风格,势必会在一些不适于自己风格的学科学习中失败。研究者认为,个体的学习风格是一种习惯,后天经验和训练起着很大的作用。需要注意的是,方式先配的教学不会像匹配性教学那样容易展开,必须细致渐进,并且随时注意学生的学习情况,根据学生学习的反馈及时进行调节。

5. 要引导学生认识自己的学习风格特点

教师不仅仅自己要分析把握学生的学习风格,而且要引导学生认识自己的学习风格特点,促使学生把学习风格转化为学习策略。

二、各方配合,培养学生个性

1. 学校的宏观措施

(1)学校应当建立一套完整的、科学的、系统的学生个性特征的测评制度。

(2)学校应当建立一套因材施教的教学过程控制系统。

(3)改革现行的班主任和任课教师制度,教学分工的专业化提高教学质量的根本保证,班主任应当从任课教师中分离出来,专门负责教育和教育管理工作。

2. 教师应采取的措施

(1)老师要适时布置作业,并及时批改,发现每一个学生的问题,及时纠错。如果老师布置作业和批改作业与学生完成作业的时空不对称,错误得不到及时纠正,学生很容易摆脱老师的监控。

(2)学生的行为表现必须在老师的监控之中,其行为表现实际上是记忆力、兴趣和爱好、反响速度、模仿能力和耐力等五种行为特征的综合反应。哪一种行为的偏差都会对一个学生的成长产生影响,所以老师必须关注学生在各个方面的表现。

(3)鼓励和强制同样都是使其乐于求知的法宝,有的人天赋反叛心理,强制的方法只能逼迫他向相反的方向走,这类人是少数。但大多数人是需要管理和监督的,即使是逼入知识的殿堂,终究会有豁然开朗的那一天,待那时,学生自然就是"乐知者"了。

(4)作为教师应彻底消除偏见,切不可厚此薄彼,因材施教的精神就是有教无类,人人都应得到公平的教育。

3.应联合家长采取的措施

(1)家长要向老师报告学生在五个行为表现方面的真实的、具体的情况,配合学校制定相应的教育方案。

(2)家长要参与到孩子的学习和活动之中,去发现孩子的优点和缺点,鼓励其优点,纠正其缺点。

(3)把学习与人生的职业取向和价值取向区分开来,不要动不动就把孩子的行为活动或学习上的问题与未来联系起来。

(4)兴趣、爱好和志向是可以被引导或纠正的,但却不可把父母的兴趣、爱好和志向强加于一个未成年的孩子。应该给孩子更大的空间,让他们自由地成长,创新的机会成本远远大于父母的期望利益。

(5)鼓励、承认和欣赏给人以动力,责备、反对和不被重视的打击往往使人陷入无助的境况很容易破罐子破摔。做一个有责任心的、有爱心的、懂得欣赏的父母,是实现望子成龙的根本保障。

案例分析:

小平有事儿没事儿老爱说谎。考试没考好,回家怕挨打,只好编些谎话搪塞。作业没做完却说做完了,没带忘在家了。看到其他小伙伴有美丽的风筝,为争点面子,免不了说谎:"我家有,比你的更漂亮。"其实家里并没有风筝。

案例启示:

大部分孩子的谎言和大人恶意的谎言完全不同,所以不必过于紧张,应查明孩子说谎的原因,如为了达到某种目的而采取手段,为了避免惩罚而说谎,为了在各方面超过别人,为了争得面子,孩子也经常下意识地编些谎话欺骗同伴,孩子多少都会说谎,如果在说谎之后完全不觉羞耻,那才是真正的无药可救。

可针对这种情况采取以下教育方法:

1.父母试着与孩子多沟通,经常反省自己的管教方式,及时与老师取得联系,避免过于严格稍有过失就被严厉处罚现象。

2.开展"猜猜我的心"的教育活动,孩子与孩子之间,孩子与老师之间,相互猜猜对方在想什么,对方有什么感受,经过一段时间持之以恒的训练,更多的学生将会体验到新视野、新境界、新心情、新思维、新收获。

第三节　推动教育稳固发展

一、明确学校教育要实现的目标和理想境界

要努力营造四个环境,让全体教职工真正成为学校的主人。尽力营造积极健康、团结祥和的政治环境,营造心情愉悦、勤奋努力的工作环境,营造催人奋进、助人争先的成长环境,营造赤诚相待、和谐融洽的人际环境。

要力求让教职工成为学校主人。让教职工成为决定学校大事的主人,让教职工成为学校教育教学工作的主人,让教职工成为学校教育教学改革与研讨的主人,让教职工成为学校办好学的主人,让教职工成为学校管理的主人,让全校教职工真正成为学校的主人,才是开展学校教育的理想的境界。

二、要坚持正确的教育原则

要想推动教育稳固发展,就必须加强教育净化灵魂,建章立制规范秩序,提供舞台奖励先进,最大限度地激发教职工的潜能,让教职工真正成为学校的主人。

为了贯彻上述管理思路,实现上述目标,必须要求全体教职员工做到:肝胆相照,荣辱与共,卧薪尝胆,顽强拼搏,争创一流。爱校如爱家,

当家做主。爱生如子,倾心育人。小学校长更是应该在学校管理中自觉注意坚持如下原则:

1.坚持以人为本的原则,紧紧围绕让教职工真正成为学校的主人这一目标实施学校管理。要明确教职工才是学校办学的真正主人,要坚信教职工能够成为自觉的学校主人。这是稳固发展教育的主要动力。

2.坚持育人为本的原则,紧紧围绕搞好育人这一学校的中心工作实施学校管理。让学校管理为育人工作保驾护航,这是稳固发展教育的重要保障。

3.坚持真情与严管紧密结合的原则,校长要用自己的真心、诚心、真情爱护教职工,教育教职工,激励教职工。同时在管理中也要坚持原则,严格管理,照章办事,不能姑息迁就。这是稳固发展教育的重要条件。

三、要坚持正确的教育思想

小学校长的办学指导思想应该是全面的、结构性的。大概应包含如下几方面:

1.依据社会政治、经济、文化发展的需要确定办学目标任务的指导思想。例如,为社会服务的思想,办让人民满意的学校的思想等。

2.依据社会政治、经济、文化发展的需要确定育人目标的指导思想。例如,夯实基础,增强健康,发展自主,培养创造与特长,让学生成为可持续发展的人才的育人目标与思路。

3.依据学校办学的自身规律确定学校自身发展道路的指导思想。例如,依法办学的思想,自主办学的思想,因地制宜、特色办学的思想,想方设法努力创造优质教育的思想,以改革和科研促教育的思想,有教无类全面育人的思想,育人为本思想,素质教育思想,德育为首思想,教学为主思想等。

4.依据学校育人的自身规律确定学校育人思路或原则的指导思想。科学育人的思想,整体育人全面发展思想,因材施教的思想,实践中育人的思想,快乐育人的思想,特色育人的思想,自主教育思想,和谐教育思想等。

5.在建设教师队伍方面的指导思想。培养政治坚定、工作勤奋、业务精干、奋发向上、务本求实的教师个体。建设富于凝聚力、富有战斗力的教师集体。培养跨世纪的政治、业务、管理、科研四位一体的学校骨干的教师队伍建设目标。

6.在管理育人队伍方面的指导思想。加强教育净化灵魂,建章立制规范秩序,提供舞台奖励先进,最大限度地激发教职工的潜能,让教职工真正成为学校的主人。

四、要努力创新教育体制机制

教育要发展,根本靠改革。要坚持正确的改革方向,加快解决经济社会发展对高质量、多样化人才需要与教育培养能力不足的矛盾,加快解决人民群众期盼优质教育与资源相对短缺的矛盾,加快解决增强教育活力与体制机制约束的矛盾。小学教育特别要着力解决各级人才培养中衔接不够紧密、培养模式单一、教学方法和教学组织不适应等人才培养体制问题。

如果要创新小学教育体制,就要改革人才培养体制,更新人才培养观念,创新人才培养模式,改革教育质量评价和人才评价制度。要建设现代化的小学制度,推进管办分离,落实和扩大学校办学自主权。建设依法办学、自主管理、民主监督、社会参与的现代学校制度。要改革办学体制,坚持公益性原则,形成以政府办学为主体、全社会参与、公办教育和民办教育共同发展的格局。探索公办学校的多种办学形式,大力支持和依法管理民办教育。要改革管理体制,转变政府管理职能,健全统筹有力、权责明确的教育管理体制。要统筹谋划,整体设计,科学确定改革的总体目标、重点领域、关键环节和具体步骤,建立健全重大改革政策出台的社会稳定风险评估机制,切实巩固和发展教育系统和全社会和谐稳定的好形势。

第四节 发掘特色小学教育

小学规范化建设的核心是促进发展,提高质量,而特色建设是实现可持续发展的有效途径,也是新形势下全面贯彻党的教育方针,深入实施素质教育,深化教育改革的重要组成部分,还是优化学校管理,丰富学校内涵,提升学校品位的重要举措。想要发掘并实施好特色的小学教育,就应该努力做到以下几个方面:

一、营造浓郁的人文学习氛围

学习型组织是充分发挥每个员工的能力和创造性,努力形成一种弥漫于群体与组织中的学习气氛,使个体价值得到实现,组织绩效得以大幅度提高。教师的学习化组织即学习型学校,具有成为学习型组织得天独厚的条件和基础。教师的工作本身具有知识的学习和流动性,加强教师之间的相互合作和学习,使教师在其组织中不断成长。江泽民同志指出:"终身学习是当今社会发展的必然趋势。"以学习为载体营造和谐、勤奋的环境,形成人人学习、时时研讨、处处创新的优良氛围,是促进教育发展,转变教师观念,提升综合素质的重要途径。学习型学校重在建设:

1.建设学习型学校,校长和干部队伍应当成为学习的先行者和有力的组织者,要充分启动榜样的示范作用,同时耐心地引导教师走向学习、研究的轨道上来,在推进素质教育的过程中,要引导教师树立"推进素质教育必须以教育者的高素质为前提"的观念。组织教师开展各种形式的学习活动,如开展以观念更新、知识更新、知识拓展、提升能力、提高干群法制观念和道德意识为目标的各种学习活动。要将学习活动与教育教学工作紧密结合,鼓励教师在学习中不断交流、沟通,不断反思和研讨,使学习最终通过提升教师的素质而服务于工作,达到学习促进工作,工作促进学习的效果。

2.建设学习型学校,以学习促进工作,教师要积极开展"反思研究活动"。以教学实践中亟待解决的问题为切入点,在学习、借鉴已有教育理论和教学经验的基础上自觉地把教学行为放到理性思维的审视之下,找出解决问题的方法。同时学校要积极为教师搭建教科研平台,鼓励教师开展各种科研活动,使整个校园形成人人是学习研究之人,处处是学习研究之地,日日是学习研究之时的良好局面。建设学习型学校要健全学习、评价和考核制度,用科学的制度规范人,确保学习工作的实效性。

二、优化校园环境

1.要不断优化校园硬件设施建设,精心设计、优化校园硬件建设,让一草一木、一砖一石都渗透德育的环境氛围,体现教育的引导和熏陶力量,发挥环境育人的功能。完善各个功能室的建设,充分利用微机室、语音室、音乐教室、阅览室、多媒体教室等多个专用教室,使之为学生开展各种活动提供有力的保障。

2.努力提高校园人文环境建设。努力构建和谐向上的人文环境,突出人文环境的隐性作用。精心打造了三种校园文化:古诗词文化、班级走廊文化、植物走廊文化,使浓郁的文化氛围,时时刻刻提醒、教育、感染着师生们。可以在学校的草地上、楼道边设置警示标语宣传栏,心理咨询室、校园广播站等,以此营造出浓厚的育人氛围。

三、重视德育、科研等师资建设

1.建立具有养成教育特色的校本教研和课题研究。根据教育发展的时代要求,学校进一步加强教师的特色教育科研意识,让教师在科研过程中探索行为规范教育的规律,促进学校养成教育与新课程改革相结合。进一步加强校本教研,逐步建立具有养成教育特色的校本课程框架,让养成教育渗透到平时的教育教学工作中,让学校的教科研真正为养成教育工作服务。每学期,学校可定期召开教育科研会议,要求全体教师撰写有一定质量的养成教育论文及养成教育案例,组织各方面力量广泛深入地开展养成教育研究,把握养成教育工作的特点和规律,全校上下形成了良好的养成教育科研氛围,使养成教育工作更具科学性,时代性与实效性。

2.养成教育与加强师德建设结合。以"铸师魂,树师表,精师能"为目标,加强教师思想政治教育,强化师德规范。通过建章立制、德育讲座、弘扬先进精神等途径,师生规范一齐抓。以开展"备课与师德行为"为主题的活动为契机,规范备课中的师德行为,其核心就是以生为本。以生为本的备课观要求尊重热爱学生,确立学生的主体地位,正确地对待每一个学生,关注个体差异,推进教育公平,促进学生全面和谐的发展。构建一支政治素质高,能力修养强,作风朴实、道德高尚、求实稳定的工作队伍是学校养成教育工作可持续发展的有力保障。可以每月召开一次养成教育工作会议,每周进行一次教师政治学习,通过学理论、讲工作,提高素质,增强责任感。通过调查、问卷、访谈等反馈的信息看,学生、家长、社会的满意度高。

四、规范学生日常行为举止

1.依据各年级学生认知特点,将一至六年级分成三个学段,提出行为规范:一、二年级以入学准备和日常学习生活中的行为习惯训练为主,尊敬国旗,学唱国歌,尊敬老师,会用礼貌用语,热爱学习,认真听课和做作业。三、四年级侧重于集体生活中行为准则的训练,勤奋好学,讲文明,懂礼貌,守纪律,爱劳动,珍惜时间,诚实正直,做事有责任心,珍惜集体荣誉。五、六年级注重品质意志锻炼,开朗,乐观,积极向上,热心公益活动,保护自然环境,尊重他人,有民主意识。

2.把养成教育内容纳入学校教育教学计划与课程安排中,有计划、有步骤地进行实施。可以将《弟子规》等有教育意义的书作为课程纳入一、二年级课表之中,每周一节课,对学生进行养成教育的系统教育。一年级每周安排了一节"三字经"学习课程,让学生了解了中华的传统美德,从而努力养成自己良好行为规范。要求任课教师根据学科内容渗透养成教育,在教学目的与教学内容中要体现养成教育的特点。同时,教师能够结合教育教学实际事例,时刻对学生进行良好行为规范的培养,并且建立养成教育特色的独特的评价举措,如每周教师点评等。

3.引导学生自主管理,自我教育。学校每学期初都应提出养成教育工作计划,少先队大队部和各中队根据学校计划确定活动方案。通过班委会、少先队等多种形式参与学校管理,所有学生在参与过程中能积极主动反映在校学习、生活等情况,社会、学校和家庭教育,形成三位一体的教育网络。通过活动,使学生的行为习惯由他律逐步过渡到自律,真正做到自己的活动自己搞,自己的事情自己管,自己的伙伴自己帮,自己的进步自己争,以此养成良好的道德行为习惯。以学生发展为本,以学生自我管理为抓手,变教师对学生的教育、管理为在教师指导下学生的自我教育和自我管理,通过学生的自我实践、自主探索、自我体验,引导学生学会自我管理、自我教育。可建立一系列学生自主管理的组织,如值日班长、小组长等,这些都可以成为学生实现自我发展、自主活动、自我教育的舞台。

4.构建学校、家庭、社会共管的教育网络。一个学校的办学思路,必须在得到教师、家长、学生们的了解、认同,融合为大家共同的奋斗目标时,教育的实效性才能凸显出来。特别是学生的行为习惯的养成教育,不是一朝一夕能够成就的,需要一个较长的教育过程和社会、学生家长一个理性的评价。但目前,社会、学生家长评价仍处在重智育、轻德育,重成绩、轻品行的环境中,实施养成教育的艰巨性也是应该清醒认识的问题。因此,加强学习与交流,统一认识,增强信心,争取社会、学生家长的支持是学校要做的重要工作之一。学校应主动承担对家长进行家庭教育知识的普及工作,每学期学校应定期召开家长会,给家长做教育学生的专题辅导报告,认真听取家长意见,反馈学校各阶段养成教育开展的活动内容。通过家长会等多种活动形式大力宣传学校特色办学理念,得到家长们和周边相关单位的认可与支持。在此基础上争取逐步形成养成教育网络:以学校教育为龙头,发挥学校教育在养成教育中的主导作用,调动社会教育、家庭教育等积极因素,让各种途径发挥各自的功能,形成全员育人的强大合力。

第九讲　育人以德　重塑学生人格

习惯真是一种顽强而巨大的力量，它可以主宰人的一生，因此，人从幼年起就应该通过教育培养一种良好的习惯。

——培根

小学育人一定要遵循正确的育人思路和育人原则。所谓育人思路，是指小学在研究和实施小学育人工作中应当遵循的基本线索和行动准则：小学教育应当努力创造适应学生发展的教育，培育适应社会发展的学生。这个育人思路有两个基本含义：一是学校教育一定要适应学生素质发展的客观规律。指学校教育要适应学生、适应学生的发展，而不是让学生适应学校教育。二是小学培育的学生一定要适应现实和未来社会发展的需要。也就是说，学校要培育适应现实和未来社会发展所需要的学生。只有高度重视未成年人思想道德建设，认真贯彻国务院《关于进一步加强和改建未成年人思想道德建设的若干意见》，面向全体学生，全面实施素质教育，充分发挥学校思想道德教育的主渠道作用，增强德育教育的针对性、实效性，才能提高学生的思想道德素质，让每位学生健康成长。为此，应始终坚持贯彻党的教育方针，以科学发展观为指导，牢固树立现代教育的育人观和质量观，坚持以德治校，育人为本，确立德育为首、发展个性、奠基未来的办学理念，立足每一个学生的终身发展，采取有效措施，全方位、多角度、深层次地开展思想道德教育主题系列活动，扎实推进素质教育。力求通过努力，使学生的综合素质得以明显提高，使学校的办学水平不断提升，逐步形成尊师、诚实、刻苦、多思、好问、进取的学风，爱生、敬业、奉献、严谨、求实、创新的教风和勤学、自律、传承、发展的校风。

第一节　小学育人的性质与原则

当前世界形式的特点是,政治多极化,经济全球化,由工业经济向知识经济转型。20世纪末世界以信息技术为主的新技术的产生与飞速发展,引发了新的技术革命,新的技术革命引发了新的经济革命,新的经济革命就是由工业经济向知识经济过渡,就是重塑新的全球经济——知识经济。所谓知识经济就是采用科学技术、人才素质求得品牌发展,以科学技术和国民素质来支撑的以人为核心的经济发展方式。因此未来社会是以信息技术为主的技术革命和由它引发的经济革命。重塑全球经济的社会,是由工业经济向知识经济转变的社会。当前我国的社会政治经济是处于初级阶段的社会主义改革开放的政治经济,其社会政治是共产党领导下的人民民主政治,社会经济是社会主义的市场经济。改革开放的方针政策,使我国的政治经济自然融入世界政治多极化、经济全球化,工业经济向知识经济转型的大潮之中。当前中国和世界的社会政治经济和四十多年前的社会政治经济来比发生了翻天覆地的变化。因此社会政治经济对于教育的要求也就发生了巨大的变化,具体表现在对人才的要求上也有了巨大的变化。当前社会政治经济要求小学培养的人才应当做到如下几个方面:

一、小学育人的社会性

培养适应社会发展的儿童,是对小学教育本质属性的客观反映,是对小学教育本质属性的正确揭示和诠释。科学的社会历史观和长期的社会历史实践证明,包括小学教育在内的社会教育的发展是受社会政治经济决定和影响的。因此社会教育的发展就应当依据社会政治经济发展的需要,就应当依据当前社会政治经济发展的实际,这就是教育的社会性。社会政治经济对教育的决定作用主要表现在对于教育所培养人才的数量、质量和规格的需求上。教育只能按照社会需要培养人才,这样才能得到健康发展。

1.小学育人教育,要拥护中国共产党的领导,拥护社会主义制度,坚持以马克思列宁主义、毛泽东思想作为指导思想,坚持中国特色的社会主义,坚持邓小平理论,坚持三个代表重要思想,坚持科学发展观。

2. 小学育人教育,适应社会主义市场经济体制的需要,培养学生成为自主型人才、有风险意识的人才。

3. 小学育人教育,要适应知识经济发展的需要,培养学生成为知识型人才、信息型人才、自主学习型人才、创造型人才。

4. 小学育人教育,要适应对外开放和经济全球化的需要,培养学生成为开放型人才、交际型人才。

二、小学育人的原则性

创造适应儿童发展的教育是对小学一系列育人规律的客观反映和概括。所谓育人规律,是指育人实践活动的客观规律。规律是不以人的意志为转移的客观存在,规律不能制造,不能改变,但可以发现,可以遵循,可以利用。育人原则,就是在发现育人规律、了解育人规律的基础上,依据育人规律确定的育人实践应当遵循的具体行动准则。育人原则,是对育人规律的能动反映,是主观能动性与创造性在育人实践中的反映。育人规律包括两个方面:一个儿童素质发展的客观规律,二是育人工作本身的客观规律,因此育人原则也应当包括两个方面。要想创造适应儿童发展的教育,就要求小学在育人实践中依据儿童素质发展的如下规律,坚持相应的育人原则:

1. 应依据儿童素质发展的主体性规律,坚持"生为主体,师为主导"的育人原则

所谓素质发展的主体性,有两层意思,其一是说儿童本人是其自身素质发展的主体。在其素质发展的整个过程中,本人应当积极参与。因为所谓的素质发展,是指在先天遗传素质的基础上,在外界环境的影响下,在教育的引导帮助督促下,儿童自己把外界的思想意识、知识技能内化为内部思想意识、知识技能的生理心理过程。内化,是儿童主体的内化,是儿童主体自身的生理心理活动,当然离不开儿童自身的主动性和

积极参与(当然教育的引导帮助督促也是不可或缺的)。素质发展的主体性,还有另一层意思,那就是社会发展需要我们的儿童成为有自己主见、有创造意识的自主自立的社会主人。

坚持"生为主体,师为主导"的原则,就是要让儿童在素质发展的过程中,真正成为主人、主体。教师的主导作用,要集中表现在切实把儿童引导帮助督促到素质发展的主体地位上,使儿童真正成为素质发展的主人。这一原则,无论是在课内教育活动中,还是在课外教育活动中都要坚决贯彻。贯彻这一原则是当前教育改革的主攻方向和难点。

2.应依据儿童素质发展的整体性规律,坚持全面发展的育人原则

所谓素质发展的整体性,是说儿童素质虽然可以解剖为德智体美劳等若干方面来认识,但是现实当中儿童素质的发展不是孤立地发展,而是按照一定结构模式整体同步发展。这里有三层意思:一层意思是儿童素质的各个方面整体同步发展。另一层意思是儿童素质的各个方面是按照一定结构、一定规律整体同步发展。儿童素质的发展如果背离了一定的结构和一定的规律,就会误入歧途。儿童素质发展的基本结构规律是德育为首,个性为本,全面和谐同步发展。素质发展的整体性还有一层意思是儿童素质的各个方面与其自身素质结构整体同步发展。

坚持全面发展原则,就是要求教育者在自己的工作中既要重视发展儿童各个方面,更要重视让儿童素质的各个方面遵循一定的结构规律全面和谐整体发展。对此,毛泽东主席曾有过十分精辟的论述:"让受教育者在德智体诸方面得到生动活泼主动地发展。"

3.应依据儿童素质发展的差异性规律,坚持因材施教的育人原则

实践证明,虽然每一个儿童素质发展的各个方面都是自然融为一体和谐同步整体发展的,但是,每一个人和每一个人的发展模式都是不尽相同的。具体说,就是素质的各个方面,在每一个儿童主体身上,不是均衡发展的,不是同一发展的。每一个人有每一个人的素质发展结构、发展模式、发展道路、发展前途。因为,每一个人有每一个人的先天素质基础,每一个人有每一个人素质发展的外部条件。但是,不管采取哪种发展结构、发展模

式、发展道路，最终都有可能，也都应该成为社会所需要的人。

4.应依据儿童素质发展的实践性规律，坚持训练性育人的原则

所谓素质发展的实践性，是说儿童的个体素质是在实践中发展起来的。儿童的素质发展一刻也离不开其自身的实践活动。

坚持训练性育人原则，一定要认真研究儿童素质发展的过程和客观规律。因为儿童素质发展既然是一个内化的过程，其内化过程一定有其自身的活动规律。在进行育人工作时，应该好好研究这个规律，认识这个规律，在教育实践中遵循这个规律，才能引导督促帮助儿童素质健康发展。在引导督促帮助儿童素质发展的过程中，一定要注意完成两个飞跃，一个是由不知到知的飞跃，另一个是由不会到会的飞跃。第一个飞跃主要是靠教师的教和儿童的自觉主动的学来完成，第二个飞跃主要是靠儿童在老师组织指导下的练来实现。因此，在教育教学活动中，一定要注意保证每个儿童的训练时间和训练量。引导组织儿童在学习实践中，学习知识，掌握技能，发展素质。

5.应依据儿童素质发展的情绪性规律，坚持快乐性育人原则

所谓素质发展的情绪性，是说儿童的素质发展是受儿童自身的情绪所影响制约的。儿童自身的情绪影响制约着素质发展的方向和进程。这是因为儿童的年龄比较小，理性思维、理智行动能力都比较弱，他们的行动、行为更多的被情感、情绪和兴趣所左右。他们因为对某位老师非常热爱就积极学习该老师任教的学科。他们在情绪好时学习积极性就高。他们对感兴趣的学科就积极学习，即使困难些也能高高兴兴、兴趣盎然。

坚持快乐性育人原则，就是想方设法让儿童在教育教学活动中始终保持积极愉快的心境，高昂的情绪。这样才能使教育教学工作取得良好的质量和较高的效率。真正做到这一点，需要教育者的智慧和机智。坚持快乐性原则要特别注意在教育教学活动中努力激发、调动和培养小学生的兴趣。

6.创造适应儿童发展的教育还需要坚持的育人原则

创造适应儿童发展的教育要求我们在育人实践中不仅要注意遵循

儿童素质发展的客观规律,还要注意遵循依据育人工作的自身规律,并坚持相应的育人原则。这其中最主要的就是:按照本校育人目标的方向、要求实施育人工作的育人原则。依据培养适应社会发展的儿童的育人思路,以培养基础实,品德优,能自主,有个性,会创新,适应今后教育,适应社会发展的合格儿童为育人目标。坚持夯实基础,塑造人格,教会学习,发展自主,培养创造,锤炼个性。着重教学习,教自主,教做人。全力创造适应儿童发展的教育。

案例分析:

学生小峰,11岁,男,平时不善言谈,孤独冷漠,不喜欢集体生活,不会关心别人,不善于与他人相处,在一次冷餐会上,他把自己爱吃的里脊肉、大鸡腿、草莓一股脑儿放在自己的碗中独自享用,全然不顾周围的同学们。

案例启示:

现在的家庭里,一般来说都是家长围着孩子转,孩子成了家里的中心,家长关心、爱护孩子,然而孩子对家长、对他人往往是漠不关心,这是因为孩子习惯了被照顾、被保护、被宠爱,因而变得冷漠、孤独、不喜欢集体生活,不会关心别人,不善于与他人相处,小峰就是这样一个心里只有"我"字的孩子。偏差的行为习惯导致他心中无他人,将来走向社会也不可能很好地与别人合作共事,甚至可能发展到做出胡作非为的事情来。怎样教育学生养成善于与人相处的良好行为习惯,是学校、是老师需要研究的一个刻不容缓的课题。

可以进行如下教育:

1.要让学生懂得与人和睦相处的意义,体验与人和睦相处的喜悦。要让学生知道人总是要长大的,只有在与人不断地交往过程中,才能增长知识,积累经验、认清自我、完善自我,才能更好地适应社会;再者,一个人的力量小,集体的力量大,和大家和睦相处能使自己身心愉悦,真正是众人拾柴火焰高。

2.培养孩子的同情心。孩子的感情是纯真的,常会因为别人的欢乐而欢乐,别人的痛苦而痛苦,这是培养孩子关心他人,与人和睦相处的感情基础,孩子有了这种感情基础,就可能产生发自内心的爱,自觉地为别人着想,把别人的欢乐和痛苦放在心上,要使孩子感到关心别人,为别人服务是一种愉快的事,久而久之,孩子的心里想的就不完全是自己了。

3.严格要求孩子。对学生的行为、举止,从学习到生活均以规范严格加以执行,从而形成习惯,这种习惯将是影响孩子的一种无形的约束力,以至学校的值日、做操等都能使孩子感到集体感,令他不能随便行事,严格要求自己,这是与别人和睦相处的保证,孩子如果心中有了"想要求别人做到,自己首先应当做到"的观念,那么就会严以律己,宽以待人,与人和睦相处。

4.引导孩子逐步扩大与人和睦相处的范围。孩子将来要踏上社会,这样就要把孩子和睦相处的对象扩展到邻居、学校乃至整个社会,要在孩子的意识中养成"别人的事,也是自己的事"的观念,在与同学玩耍时要友好相待,要关心同学,关心老师,如班上小朱同学病了,大家纷纷打电话表示慰问,并捎上一只大苹果写上祝福的话语送给她,这样不仅给小朱带去了温暖和友谊,自己也能从中体会到乐趣,只有这样,孩子才会逐渐知道怎样与人和睦相处,当孩子做了关心他人、与人为善的事情时,老师应及时肯定表扬,反过来,当孩子受到别人关心以后,也需要让他表示感谢。

第二节　小学育人的目标与内容

一、小学育人的目标

在开展小学育人工作前,一定要确定本校的育人目标。所谓学校的育人目标,就是指学校所要培养的学生应当达到的境界和标准。小学教育到底应当培养什么样的学生,达到什么样的境界和标准,这些内容都应该包含在育人的目标中。因此,小学在确定本校的育人目标时一定要深思熟虑。可以依据下列几方面的因素制定育人目标:

（一）依据国家社会当前和未来发展对人才的需要

所谓依据国家社会当前和未来发展对人才的需要,是指学校培育的儿童一定要适应现实社会发展的需要,适应未来社会发展的需要。学校要培育适应现实和未来社会发展所需要的人。

我们国家现在处于社会主义的初级阶段,正在建设有中国特色的社会主义,建立社会主义的市场经济,正在以经济建设为中心,建设四个现代化。世界正处于从工业社会向信息时代转化的时代。这一转变将会给未来社会带来一系列深刻的变化。例如经济全球化,政治多元化。因此,小学在培养学生时,一定要充分考虑我国和世界社会发展的需要,充分考虑现实与未来社会发展的需要。我国和世界的现实与未来社会的发展,不仅需要我们的儿童具有丰富的知识,还需要我们的儿童具有全面和谐健康的整体素质,需要我们的儿童能自主,会创造,懂外语,善交际,有个性特长,能适应市场经济发展,适应社会信息化发展,适应社会的改革开放。

(二)依据地区社会当前和未来发展对人才的需要

所谓依据地区社会当前和未来发展对人才的需要,是指小学培育的儿童一定要充分考虑学校所处的地区经济发展、精神文明和社会文化发展的需要。要为地区社会发展培养有用的人才。

(三)依据学生家长对孩子发展的期望

所谓依据学生家长对孩子发展的期望是指小学培育的儿童一定要充分考虑学生家长对孩子一生发展的期望。学生家长对孩子一生发展的期望是十分复杂的,是受国家社会政治经济发展状况制约的,是受地区社会政治经济发展状况制约的,是受家庭政治经济状况制约的,是受家庭历史和文化背景制约的,是具有明显的个性特点和区别的。例如有的家庭贫困的家长因为贫穷不让孩子上学。有的家庭贫困的家长不惜自己吃苦受累也要供孩子上学走出贫困。有的学生家长就想让自己的孩子掌握挣钱谋生的手段、掌握生存的本领。有的学生家长想方设法让自己的孩子受到最优质的教育,成为最优秀的人才,谋到最理想的职业,享受最优遇的生活……因此,学校在制定本校育人目标、培养本校学生时一定充分考虑本校学生家长的心理追求。

（四）依据小学生自身素质发展的客观规律

小学生自身素质发展的下列规律是需要得到尊重的：

1. 小学生的自身素质是由德智体美劳心等诸因素构成的，因此其发展应该是德、智、体、美、劳、心各方面全面发展。

2. 小学生的自身素质是按照一定结构整体发展。

3. 小学生的自身素质发展有着明显的个性差异。没有个性特征的人是不存在的。

4. 小学生自身素质发展的主体是小学生本人。

（五）依据小学教育的自身发展规律

所谓依据小学教育的自身发展规律，最主要的一点就是小学教育是为中学教育打基础的。小学生最终是要升入中学继续学习的。小学教育要充分考虑初中教育的需要。

二、小学育人的内容

小学育人应培育出具有如下品质的少年儿童：

（一）基础实

所谓基础实，就是说小学培育的儿童要具备适应今后的发展和升入中学学习所必需的基础素质。这些基础素质要全面、达标。所谓全面，是说学校应该从德智体美劳心各方面给儿童全面打基础。所谓达标，是说学校一定要使所有学生德智体美劳心各方面达到国家规定的标准，且是扎扎实实。

（二）品德优

所谓品德优，就是说小学培育的儿童要人格优秀，思想健康，道德高尚。学校育人时要遵循如下理念：不强求人人基础全优，但一定要人人品德优秀。在对儿童进行思想品德教育和培养时要特别重视儿童的习惯培养。要努力培养儿童优良的文明行为习惯，优良的学习习惯，优良的劳动习惯，优良的环境保护习惯，优良的关爱习惯，优良的参与和协作习惯，优良的抗挫折与克服困难习惯，等等。

（三）能自主

所谓能自主，就是说小学培育的儿童要能自主生活，自主学习，自主处理解决问题，自主创造，自主发展。自主发展指的是自我设计，自我选择，自我修养，自我完善，自我实现。这是育人的重要内容。

（四）有个性

所谓有个性，就是说小学培育的儿童要有与众不同的个性、与众不同的特长、与众不同的发展模式。

（五）会创新

所谓会创新，就是说小学培育的儿童要有创新意识、创新技能。

（六）适应今后教育和社会发展

所谓适应今后教育和社会发展的需要，就是说小学培育的儿童要能顺利升入中学、大学，并能在今后的学习生活和社会生活中健康成长。

第三节　平稳有序地实施小学育人工作

教师是人类灵魂的工程师，是开展育人工作的主要力量。现代教育观认为教师教学的主要任务在于传授知识，同时更应当重视育人，努力让学生懂得做怎样的人，学会怎样做人。而育人的过程很大程度上是通过教师在教学中体现的自身修养和人格魅力的示范作用在潜移默化中逐渐完成的。学校是对未成年人进行思想道德教育的主要场所，教师则是对青少年进行思想道德教育的主力军。在提倡素质教育的今天，必须把德育工作放在教育的首要位置，贯穿教育教学的各个环节。而在德育工作的具体实施过程中，做到以德塑人，以情育人，即德情兼备，是德育工作的重要途径和方法之一。

一、德育为先

德情兼备，以德塑人。其中，德是指教师在与学生的交往接触中，通过自身的高尚品德对学生进行思想道德教育。而情，即以情育人，是指教师或德育工作者在对学生进行思想道德教育的过程中,要晓之以理,动之以情,做到情感教育。换言之,就是要认识教育的对象,走进他们的内心世界,了解他们的所思所想,进而与他们做人格平等的真正意义上的朋友。在此前提下,帮助引导学生,培养他们良好的思想品德。在提倡素质教育的新形势下,思想道德教育的内容归纳起来主要有:热爱祖国的教育,热爱集体的教育,爱清洁的教育,讲公德的教育,讲理、讲诚信的教育,同学间讲团结、讲理解的教育,尊老爱幼的教育,助人为乐的教育等等。教育的主体是学生,主导在教师,其实施途径则是以德塑人,而核心则是情感教育,即以情育人。

二、"四爱"教育

"四爱"教育,指的是:培养学生热爱祖国,热爱集体,热爱生活,爱清洁卫生的教育。

1.对学生进行爱国主义教育

作为德育工作者,教师必须要有爱国主义精神,并积极地自然地展现在学生面前。在学校每次的升旗仪式中,教师应该是仪表庄重的表率。这样,对学生进行爱国主义教育的同时也可以更好地促进师生交流。对学生进行爱国主义教育要注意抓住时机结合现实,利用好身边的素材。

2.教导学生热爱班集体

教导学生热爱班集体,这其中很重要的一点便是要让学生懂得一个道理,即我们都是班集体的一员,我们是一个整体、一个大家庭,我们都应该为这个大家庭贡献自己的一份力量,承担一份责任。同时,教师要激发学生的集体荣誉感和责任感,要有"班优我荣,班差我耻"的集体觉悟。让集体主义思想深入每个学生的心中,让集体主义精神深入学生的潜意识里。

3.引导学生感受生活,热爱生活

要教会学生热爱生活,首先应该让学生懂得责任。应该让学生懂得他们承载着父母、老师和社会的希望,同时他们也肩负着家庭与社会的责任。时时引导他们热爱生活、热爱自己,愉快地度过每一天,鼓励他们不因一次的失败而放弃理想,也不因一时的苦闷而自暴自弃。

4.教育学生保持清洁卫生

教师的卫生习惯和其他的一些行为习惯会对学生产生直接的示范作用。在教师不经意地拾起讲桌上散落的粉笔头,用抹布抹去桌上的粉笔灰的时候;在教师拾起教室里或走廊里地上一片纸屑、一粒瓜子壳放到垃圾桶的时候;在教师一次次随手帮学生拾起掉落在地的橡皮擦或书本,将其放到书桌上的时候;又或者教师穿戴整洁地出现在学生面前的时候,就已经教会了学生很多。这就是看得到、体会得到的德育,而这种示范性的教育对学生的影响也是最直接,最有效的。

三、"三讲"教育

"三讲"教育是指对学生进行讲公德、讲诚信、讲团结友爱的教育。

1.教导学生遵守公共道德

公共道德的范围广泛,主要指遵守公共卫生、公共秩序等。在学校教育中对学生进行公德教育,要理论、示范、实践相结合。而理论教育则主要通过在思想政治课堂和班会课上的学习来完成。在理论学习之后,教师则要以身作则,行为示范。教师要求学生做的,自己也要去做。例如,看到地上有果皮、纸屑时随手拾起来扔进垃圾桶等,这些看似微不足道的事,如果教师们总是很自然地坚持去做,那么学生或多或少会看在眼里,记在心里并付诸行动中去。

2.引导学生讲诚信

要教学生做明礼诚信的文明人。在与学生的交往中,教师应该做明礼诚信的表率。在处理学生问题上要做到有据有理、合情合理,同时,对学生要说到做到信守承诺。

3.教导学生讲团结、讲友爱

在学习上,鼓励同学之间互相帮助,互相鼓励。生活中,鼓励学生们互相关心互相体谅。作为教师,应该努力营造"家庭式"的团结友爱的班级氛围,以这种氛围感染带动学生,使他们融入到这种团结友爱的班级环境。

四、"两要"教育

"两要"教育是指教导学生要尊老爱幼,要助人为乐的教育。

1.尊老爱幼是中华民族的传统美德。继承和发扬中华民族的传统美德是十分必要的。就这一点而言,作为教师,首先要做的便是号召同学们从自己身边的小事做起,从尊敬自己的父母、长辈、老师做起。从在集会或在公交车上主动给老人、妇幼让座等点点滴滴做起。

2.当代小学生作为21世纪的社会主义现代化建设者和接班人,教师应该教育他们树立"助人为乐"的思想。在任何时候遇有弱小、病残需要帮助时都应该积极主动地尽最大努力去援助他人。这也是一个公民应有的美德。

案例分析:

林林自打出生就是个巨大儿,随着年龄的增长,十岁就成了一位肥胖儿童,可身体素质却很差,今天感冒,明天发烧,四季闹病,还早早架上了眼镜。

案例启示:

综观林林各身体素质表现,都与他缺乏体育锻炼有关,这将会影响他身心与理想全面地、和谐地发展,体育锻炼是全面发展教育中的重要组成部分,是小学行为规范不可缺少的一部分,任何人忽视孩子的身体成长发育的看法和做法都是错误的,也是对孩子成长发展不负责任的一种表现,体育活动对于学生身体生长发育的重要作用是不言而喻的,关键是怎样使孩子,尤其是"豆芽"型孩子、肥胖儿童乐于参加体育活动呢?我们可以试着这样做:

1.激发孩子对体育运动的兴趣,引导孩子养成锻炼身体的良好习惯

兴趣是最好的老师,老师要培养孩子锻炼身体的兴趣和热情,鼓励

学生积极参加学校组织的各项体育活动,激发他们在某一项目中有一技之长,如学校即将举行运动会,就利用活动课时间在班内进行选拔赛,优胜者参加运动会比赛,学生兴趣颇大,斗志昂扬。又如可以利用晨会、午会给学生讲名人锻炼身体的趣闻轶事,可结合时事体会祖国健儿摘金夺银的喜悦。

2.有计划选择项目进行锻炼,并给以具体的指导

老师利用休息时间与孩子一起进行锻炼,如跳绳、蛙跳、踢毽子等小型的体育活动,有条件还可以和学生一起打羽毛球、乒乓球等,在具体指导孩子进行体育活动时,要注意把体育活动与游戏娱乐结合起来,寓教于乐,如学校开展花色橡皮筋活动,边唱儿歌,边跳橡皮筋,这样会使孩子感到体育活动的乐趣,让身心都得到锻炼。

3.教给孩子有关的体育锻炼小常识,注意自我保护

体育锻炼要起到强身健体的作用,必须保证活动的科学性。因此,要教给学生一些基本的锻炼知识和技术。如每次锻炼前,要有准备活动,锻炼后要有整理放松活动。起跑要听口令,打篮球时不能走步、撞人等,注意安全保护工作,防止意外事故的发生。

4.要教育孩子持之以恒,循序渐进,劳逸结合

任何一个活动项目的锻炼内容,都是由不会到会的多次重复才能实现,如不经常锻炼,非但不能形成一定的熟练动作,而且还会前功尽弃,因此必须引导孩子进行体育锻炼。锻炼应持之以恒,不可一曝十寒。要一张一弛,保证锻炼后的充分休息时间,使身体各部分恢复正常,对于孩子在体育活动中取得的进步要适时地了以表扬和鼓励,以促使其对体育活动的兴趣不断得以保证和巩固。

第四节　将小学育人工作形成体系

一、完善育人主体

在对学生进行德育教育的过程中,教师应该以学生为主体,尊重体

谅学生。唯有如此,教师才能走近学生,走进他们的内心世界,了解他们的思想,最终引导、教育他们,帮助他们培养和塑造高尚的品德。教师对学生的德育应基于一个"情"字,即教师对学生要实施情感教育,这一点对德育尤其重要。教师对学生要有平等的思想,与学生建立朋友式的关系。只有这样,学生才会更容易接受老师的意见、建议,从而有助于自身成长和塑造高尚的品德。

教师要以成为学生的朋友为目标。作为学生的朋友,当学生生日时,可以送上一个祝福。作为学生的朋友,每当要节假日来临之际,也可以毫不吝啬地送出真诚的祝福,这对教师们来说也并非难事。可以在作业批语之后,添上几句温馨的祝福,让学生感到一丝欢愉。这样,学生才会真诚地与教师交流感情。只有把学生视为与自己人格平等的人,才能与学生建立真正的友谊。而学生也才会自愿地团结在老师的周围,与老师共同搞好班集体的建设工作。同时,也才会更好地接受老师的帮助教育。

总之,教师在课堂内外所展现的自身素质——"德"对学生将产生最直接,最有效的示范性教育。作为人类灵魂的工程师,作为学校德育工作的先锋和主力军,教师应该重视对学生的德育教育,在教书育人的过程中不断探索学校德育教育的新途径、新方法,时时都应以为人师表、行为示范为行为准则,努力实践"以德塑人,以情育人"的德育思想。

二、教化育人客体

1.坚持因材施教。首先要求学校、老师要制定因人而异的培养目标,不要让学生们全都按照一个模式发展,全都成为一模一样的人。不要认为只有三好生、全优生才是好学生。过去,小学教育时常用一种模式要求儿童,培养儿童,用一个标准评价儿童。要求儿童全都成为"三好生""全优生",不是"三好生""全优生"就不认为是理想的好学生。有时甚至只把考分高的儿童,看成是好学生。这就极大地挫伤了很多儿童的上进心和积极性,阻碍了他们素质的健康发展。

2.建立适应每一名学生按照自身素质发展的客观条件和客观规律，把生动、活泼、主动、健康发展的儿童素质作为发展的评价标准、评价机制。不要仅用一把并且不一定准确可靠的尺子衡量儿童，例如考试分数。

3.建立适应每一名学生按照自身素质发展的客观条件和客观规律，建立生动、活泼、主动、健康发展的课内教育机制、课外教育机制、校外教育机制和环境教育机制。

4.教师们一定要使自己的教育工作、教育方法、教育形式能很好地适应并促进每一个儿童素质生动、活泼、主动地发展。

三、总结工作感悟

小学的育人目标是成体系的。有总目标，总目标之下有若干分目标，每个分目标之下还可能有更低一层次的分目标。这样就构成了育人目标的树形结构。小学本校的育人目标的基本内容不是一成不变的，因为各个依据本身也是不断变化的。

每个人、每个学校由于所处环境不同，所经历的社会实践不同，所持的立场观点不同，所面临的社会实际和需要不同，所涉及的利害关系不同，因此对育人目标基本内容的认识和确定也不尽相同。这是正常的合理的。因此学校应当根据本校实际来确定自己的育人目标，来确定本校的育人目标体系，并要根据各个依据的变化和本校育人实践需要不断修正本校的育人目标体系。

学校的育人目标确定出来以后，不是用来说的，也不是只拿来对外宣传，而是要作为学校一切育人工作追求的目标、奋斗的方向。学校一切育人工作都要围绕实现本校的育人目标来开展，都要为了实现本校的育人目标而努力奋斗。学校坚持育人为本，就要坚持以实现本校的育人目标为本。学校育人就应该不折不扣地贯彻本校的育人目标。

综上所述，小学育人一定要有明确的本校的育人目标，小学育人一定要坚定不移地贯彻本校自己的育人目标。

第十讲　齐心协力　全面开展育人工作

团结力量大,合作能成功。爱护环境,保护红旗,让我们共同撑起一片蔚蓝的天空,共同打造一所绿色的校园。

——牛剑生

按照育人途径把小学育人工作划分为若干方面的思路,既符合学生素质从德、智、体、美、劳、心各方面整体发展的规律,也符合小学育人工作的具体操作实际,还符合小学育人的客观规律。而按照育人任务和育人途径交叉的标准来把小学育人工作分为若干方面的做法,似乎不太好。因为那样不仅是概念混淆,而且在具体操作上还容易引起误解。例如,把教学工作误解为纯智育工作,纯文化知识传授工作,就会违背了学科教学是小学教育及整体育人的主渠道的基本规律。又如把少先队工作、班主任工作误解为纯德育工作,从而忽视了少先队工作、班主任工作的其他教育功能,忽视了少先队工作、班主任工作的整体育人功能。所以,在实施育人工作时,一定要全面、完整。

第一节　充分发挥所有育人途径的作用

小学育人一定要充分发挥所有育人途径的作用。所谓育人途径,就是小学育人要走的道路,也就是在实际操作过程中,小学育人应该从哪些方面做工作。道路对于达到目的,完成任务,实现目标至关重要。没有道路,达到目的,完成任务,实现目标就是空谈。没有好的道路,就不可能很好地达到目的、完成任务、实现目标,就算是勉勉强强完成了任务,付出的代价也将是惨重的。因此育人途径问题在小学育人中也是十分重要的,需要认真对待,需要认真研究和解决处理。正确处理小学育人途径问题应当注意如下几点:

一、主要育人途径

1.抓好学校的学科教学,以教学育人。

2.抓好学生的管理教育,以管理育人。

3.抓好学生的教育活动,以活动育人。

4.抓好学校的环境建设,以氛围育人。

5.引导学生的家庭教育,以亲情育人。

6.协调学生的社区教育,以环境育人。

这六个方面,实际就是育人工作具体操作的六个方面。小学育人工作一定要抓住这六个途径,抓好这六个方面的工作。

二、紧抓住学科教学这一主要途径

学科教学是指以学生为主体、教师为主导的课堂教学为主要形式,以国家确定的教学大纲、教育纲要和教材为依据,以向学生传授德智体美劳心等知识技能为载体,以对学生进行正确对待学习教育和学会学习教育为第一位任务,按照本校育人总目标和育人要求培育学生的学校育人活动。

学科教学是小学育人的主要途径,是若干年来育人实践所证明的客观规律。但应当强调一点,学科教学是小学育人的主要途径,是完成小学育人德智体美劳心等诸方面任务的主要途径。不能把学科教学单单理解为智育的主要途径,也不能把学科教学单单理解为是传授科学文化知识技能的主要途径,更不能把学科教学单单理解为追高分、追高升学率的主要途径。

小学育人一定要紧紧抓住学科教学这个主要途径,一定要扎扎实实、认认真真地正确地抓好学科教学工作。从一定意义上说,正确地抓好学科教学就是抓住了小学育人工作,就是基本上完成了小学育人的任务。

三、充分发挥对学生的管理教育的育人作用

对学生的管理教育是指以校级管理、年级管理、班级管理、班主任管理、任课教师管理、少先队组织管理和其他教职工管理为主要形式,以校会、班会、晨午检、少先队活动、班主任及教职工谈话为基本阵地,以国

家、政府的法律法规规定和学校的规章制度为依据，以对学生校内外学习行为、生活行为、社会行为进行规范管理教育为主要内容，按照本校育人总目标和育人要求培育学生的小学育人活动。

小学阶段，由于孩子的年龄还比较小，他们的人格品质、人生观、世界观都处在萌芽阶段、学习阶段，因此不能用成人的标准要求他们。因之对小学生的管理教育虽然有规范其行为，维护学校正常教育教学秩序的任务，但是它还有更重要的任务，那就是教孩子学习遵守法律法规和规章制度纪律，培养他们遵章守纪的良好行为习惯。这才是管理育人的真谛。

因此小学的管理教育不能再走"制定纪律——监督防范——惩罚处理"的老路。要树立以育人为中心，以培养教育为主要任务的管理教育新模式。要采取学生愿意接受的形式，主动地、有计划地对学生进行遵章守纪教育、法律法规教育。要重视犯错误后教育，但是更要重视犯错误前教育。要采取学生愿意接受的形式，按照确定"规范引导实践——学习教育引导自觉——总结表扬引导进步"的方法步骤，自觉、主动、有计划地对学生进行遵章守纪训练，培养儿童自觉遵章守纪的良好习惯。对于孩子出现的一些违章违纪现象，不要大惊小怪。要看到这是孩子成长过程中不可避免的现象。孩子犯错主要是认识问题、习惯问题。因此对孩子犯错不要动不动就批评斥责，动不动就处罚。要重在教育训练和培养。当然，必要的处罚也是允许的，但是不能为处罚而处罚，处罚也是为了教育，为了育人。

四、充分发挥对学生的教育活动的育人作用

对学生的教育活动是指以培养学生的方方面面素质、解决学生思想及行为上存在的问题、活跃学生的学校生活为根本目的，以国家的育人要求和现实社会需要为依据，采用生动活泼、学生乐意参加的形式，按照本校的育人总目标和育人要求培育学生并给学生留下终生难忘印象的小学育人活动。按活动内容分，有德育活动、体育活动、文艺活动、娱乐活动、科技创新活动等等。按活动的组织形式分，有学校活动，有少先队组织活动（包括大队活动、中队活动、小队活动、联合中队活动），班级活

动,课外兴趣小组、班、队活动等等。

学生的教育活动以其生动活泼的教育形式和良好的教育效果,一直受到小学教育工作者的青睐。它确确实实是小学育人一个很好的教育途径。搞好小学的学生教育活动应当注意以下几点:

1.重视小学的学生教育活动,但一定要摆正位置。在小学,学生的教育活动确实十分重要,一定要搞好,但它不是小学育人的主要渠道、主要途径,主要途径是学科教学。因此在开展学生教育活动时,在活动总量和活动过程的安排上都要严格控制,不能因为开展学生教育活动经常干扰和冲击学科教学,不能打乱学校稳定的学科教学秩序。

2.开展学生教育活动一定要有明确的目的性。开展每一次每一项活动都要有明确的目的,活动之后要落实到培养学生素质,解决学生思想及行为问题上,要落实到育人上。

3.学校开展学生教育活动一定要有规划、有计划。要有步骤、有针对性、有控制地进行。不能在短时间内安排过多的学生教育活动,不能追风头、赶浪潮。

4.对于每一项每一次活动要精心设计,做好组织。事前要设计活动方案,活动中要严格按着方案实施。

5.学生教育活动的主体是学生,因此开展学生教育活动,一定要把全体学生都组织到活动中来。不能只有少数学生活动,大家当观众。要引导安排组织学生参加到活动实践中来,让他们在实践中受教育。

6.开展学生教育活动一定要采用学生喜闻乐见、乐于接受的形式。要给学生强烈的刺激,要对学生产生震撼。要给学生留下终生难忘、难以磨灭的印记。

7.开展学生教育活动要在不冲击干扰学科教学的前提下,尽量形成规模,造成声势。要形成强大的教育氛围和气场。

五、充分发挥学校环境建设的育人作用

这里说的学校环境建设,指的是学校内部的环境建设,主要包括学校的办学条件和校园校舍环境等硬件建设。学校环境建设有着潜移默化的育人作用。因此今后抓学校环境建设,在继续努力搞好绿化美化现代化的同时,应当在学校环境建设的育人化上多下点工夫,自觉地发挥学校环境建设的育人作用。

说到学校的环境建设,除了上面的含义外,它还有一个更加宽泛的含义。那就是包含所有软硬件在内的学校育人环境建设。像对学生的教育活动,对学生的管理教育,学校的硬件环境建设,学生的在校生活,学校和学生自办的广播、板报等等都应包括在内。这些其实都是学校的育人环境之一,都是学校育人的途径、渠道,都是为学校育人服务的,都是为了完成学校育人的诸方面任务、实现学校育人目标服务的。

六、充分发挥学生家庭教育的育人作用

学生家庭教育的育人作用,这是不言而喻的。对小学生来说家庭教育的影响和作用尤其巨大。但是必须清醒地认识一个客观现实:由于每个孩子所处的家庭不同,因此所受的家庭教育也就不同,这不同的家庭教育就会对孩子产生优劣强弱不同的教育作用,就会给孩子以后的学习产生十分重要的影响。因此学校必须高度重视家庭教育问题。对于家庭教育,学校没有直接的管理权力,但是学校对于家庭教育却有着不容忽视的主导影响作用。

学校应当充分发挥学校教育对家庭教育的这种主导影响作用,积极主动有计划、有目的、有针对性地引导家庭教育,充分发挥家庭教育好的作用,克服家庭教育中的不良影响,把家庭教育统一到学校教育的轨道上来。开办家长学校、办家教小报、召开家长会等是很好的方法。

七、充分发挥学生的社区教育的育人作用

这里的社区,指的是学生所居住地区或学生就读学校所在地区。所谓学生的社区教育指的是社区的社会政治、经济、文化状况为学生成长和发展提供的环境和氛围,指的是社区对学生进行的有目的、有计划、有组织的教育活动。社区教育对于孩子成长的影响作用也是很大的,也是

不容忽视的。不同地区的社区教育是不同的,知识分子集中的地区、工人集中的地区、农民集中的地区、军人集中的地区、几种人员混居的地区的社区教育是不尽相同的,贫穷地区和富裕地区、文明程度高的地区和文明程度低的地区,其社区教育也是不一样的。不同的社区教育,对孩子的成长发展起着不同的影响和作用,有着优劣强弱的明显区别。

因此,学校一定要十分重视并注意发挥学生的社区教育的育人作用。但是基于学校对于学生的社区教育没有直接的领导管理权力的实际,学校一定采取恰当的方法艺术地处理好学生的社区教育问题。对本校学生的社区教育要加以认真地分析,要有清醒的认识。要根据本校学生的社区教育现状,巧妙地协调社区方方面面的力量,想方设法挖掘本社区的优良教育资源,千方百计克服本社区的消极教育影响,营造本社区的优良教育环境。

案例分析:

唐某是一名小学五年级的女生,她长得很漂亮,但性格内向忧郁,天天闷闷不乐,多次在日记中写一些与年龄很不相称的伤感的话,说自己没有朋友,生活不快乐。平时不爱说话,不愿与人沟通,经常不完成作业,学习成绩较差。我们如何帮助她,使她变成开朗乐观的人呢?

案例启示:

分析原因:

1. 个人因素

通过观察,通过与家长的沟通,我发现她主要原因是父母很早因车祸身亡,从小和爷爷奶奶一起居住,和同学说怕大家瞧不起她,就压抑自己,把自己封闭起来。长此以往,导致自我封闭,不善于与人合作、与人沟通。这样就严重影响她的身心健康发展。

2. 教师因素

在学校里,调查得知,她在原学校时学习成绩特别差,语文数学都不及格,经常不完成作业,转来时原校老师对她的评价偏低,想必从老师那儿得不到适时的表扬和赞叹。

制定合理的辅导策略:性格抑郁、自我封闭对学生身心健康、生活、学习都有损害,那么究竟该如何引导学生坚强乐观呢?

1.表扬鼓励,唤起信心

为了打开她关闭已久的心扉,我在课余经常有意无意地找她闲谈,让她帮我送作业、发作业本,上课时从不公开点名批评她,发现她有所进步及时表扬,她画画好,我经常鼓励她,还让她参加板报小组,渐渐唐某开始愿意和我接近了,渐渐开始和我交谈,教师节,她还亲自画了一幅画送给我。经过谈心,她的心情好了很多,从那以后,她有心事也愿意和我诉说了。

2.家校沟通,给予温暖

唐某性格忧郁,很大一部分原因在于家庭的教育环境与方式。因此,我经常与家长沟通,详细地分析了她在校的表现及原因,共同商量解决孩子不良心理状况的办法,让爷爷奶奶多关心她。

3.多交朋友,活泼开朗

小学生光有老师和家长的关心是远远不够的,他们更需要同龄人的关心帮助。我从班里找了几个性格平和的女生与她交朋友,让她们多和她一起玩,帮助她,久而久之,她的朋友也越来越多了,经常和好朋友诉说自己的心事,越来越活泼了。

辅导效果:

通过师生、家长的共同努力,她现在有了很大的变化。她的学习成绩不断提高,上课专心听讲,举手发言且声音响亮,下课能主动与同学交往、做游戏,各种活动愿意参加,与班级、同学融为一体。家长也反映在家学习主动了,天天很开心,经常一边上楼一边唱歌。

结论:

对于性格忧郁的孩子,我们必须找到原因,然后才能对症下药,用我们的爱、真诚的心去关心学生。

第二节　保证教育质量　推动育人进程

素质教育,是以全面提高全民族素质为宗旨的教育。素质教育是为实现教育方针规定的目标,着眼于受教育者群体和社会长远发展的要求,以面向全体儿童,全面提高儿童的基本素质为根本目的,以注重开发受教育者的潜能、促进受教育者德智体各方面生动活泼地发展为基本特征的教育。素质教育是对新形势下教育特性和实施原则的一种高度概括,是针对中小学教育长期被应试教育干扰和影响的现实,而提出的一项革命性的措施。如果说应试教育是对教育本质的异化,那么素质教育就是对教育本质的回归。相对于应试教育来说,素质教育是符合教育规律的更高层次、更高水平、更高质量的教育。而实现素质教育,则是小学育人工作的终极目标,也是教学质量达到一定标准后的产物。学校教育质量一直是社会关注的热点,是学校的生命线。当然也是校长的工作中心。

一、正确认识小学教育质量问题

学校教育质量,是指学校教育活动所导致学生整体素质水平的变化。或者说,在学校教育活动的作用下,学生整体素质水平所发生的变化。小学教育质量,是指小学教育活动所导致小学生整体素质水平的变化。或者说,学生在小学阶段,在小学教育活动作用下,整体素质水平所发生的变化。

1.这里说的是学生整体素质水平,不是其他的素质水平。例如,考试分数、升学率等指标只能代表学生素质水平某一方面的某一点。又如科学文化知识技能,也只能代表学生素质水平某一方面的某一点,它们不能代表学生的整体素质水平,更不能代表学生整体素质水平的变化,因此它们不可能全面反映教育质量。

2.这里说的是学生整体素质水平变化,而不是整体素质水平本身。整体素质水平是衡量学生发展状况的主要指标,但却不能简单把它作为衡量教育质量的指标。学生整体素质水平这个指标可以表明学生整体素质发展达到一定高度,可以代表学生整体素质的发展水平。但学生的整体素质水平,除了教育的作用之外,还有学生的先天遗传等其他因素的作用。因此学生整体素质水平这个指标除了反映教育的作用,还要反映先天遗传等其他因素的作用。而学生整体素质水平变化这个指标却只反映教育的功能。教育质量的核心是学生整体素质水平的变化、进步、发展、提高。

3. 这里还表达了教育活动对教育质量的作用。没有教育活动学生的整体素质水平不可能发生变化,也就产生不了教育质量。

4. 这里还表达了不同的教育活动产生不同的教育质量这一现象。教育包括家庭教育、社区教育、社会教育、学校教育等若干方面,学生整体素质水平的变化除了学校教育的作用外,还有家庭教育、社区教育、社会教育的重要作用。家庭教育、社区教育、社会教育对于学生整体素质水平的变化有着不容忽视的重要作用。家庭教育活动产生家庭教育质量,社区教育活动产生社区教育质量,社会教育活动产生社会教育质量,学校教育活动产生学校教育质量。不是在学校教育活动作用下产生的学生整体素质水平变化,不能算在学校教育质量的账上。

5. 小学教育质量只是学校教育质量的一部分,只是一个阶段的学校教育质量。学校教育可以分为幼儿园教育、小学教育、中学教育、大学教育、成人教育等等阶段和部分。小学教育质量是指在小学教育活动作用下小学生整体素质水平发生的变化。

6. 小学教育质量,是指所有学生素质水平的变化。不是指一两个学生,也不是指一部分学生,而是指全体学生。小学教育质量和小学生质量是两回事。小学教育质量是指全体学生整体素质水平所发生的变化,而小学生质量指的是小学生个体整体素质发展达到什么水平。

7. 小学教育质量有优劣高低之分。所谓优的小学教育质量,是指学生的整体素质水平向着科学、健康、正确的方向变化,劣的小学教育质量,是指学生的整体素质水平向着非科学、非健康、非正确的方向变化。高的小学教育质量,是指学生的整体素质水平向着科学、健康、正确的方向变化,速度快,幅度大。低的小学教育质量是指学生的整体素质水平向着科学、健康、正确的方向变化,速度慢,幅度小。

8.不能把学校教育活动和小学教育质量划等号。小学教育质量是在学校的教育活动直接、间接的作用下取得的,小学教育质量和学校的教育活动和管理活动有着直接、间接的关系与影响。但是我们必须清醒地认识,学校的教育活动并不等于学校教育质量本身。因为学校的教育活动有的可以使学校教育质量发生积极的变化,有的也可以使学校教育质量发生消极的变化;有的可以使学校教育质量提高幅度大,速度快,有的可以使学校教育质量提高幅度小,速度慢,有的甚至可以干扰迟滞学校教育质量的提高;有的从一方面看可以提高学校教育质量,从另一方面看又可以降低或迟滞学校教育质量。学校的教育活动有正确与错误之分,科学与谬误之分,其效率有高低之分,其效益有好坏之分,不能一概而论,不能同等看待。不能简单地认为干了就有理、就好,干得多就有理、就好。

9.小学教育质量是建立在一定的原始基础之上的。例如家庭教育和幼儿园教育就是小学教育质量的原始基础。不同的原始基础,对于小学教育质量会产生不同的影响。良好的原始基础会促进小学教育质量的提高,薄弱的原始基础会干扰减慢小学教育质量的提高。在不同的原始基础上提高教育质量,需要学校做的工作也是不同的。在薄弱的原始基础上提高教育质量,学校需要做更多的工作。

二、正确评价小学教育质量问题

1.评价小学教育质量一定要明确目的和任务。评价小学教育质量的根本目的是为了帮助学校了解自己学校教育工作的效益和效率,并进一步反思分析自己学校教育工作的正误和经验教训,找到今后努力方向。从这个意义上讲,评价小学教育质量的首要职能是诊断。诊断小学在教育质量上的成绩和不足,诊断取得成绩的经验,出现问题的教训。进而在诊断的基础上提出治疗方案,这才是评价小学教育质量的根本目的和首要任务。

2.评价小学教育质量一定要找准对象。这个对象就是小学生整体素质水平在小学教育活动作用下所发生的变化。一定要树立以学生整体素质水平变化为依据的小学教育质量观。不能把别的内容当成小学教育质量来评价,也不能把小学生整体素质水平的一部分、一方面、一个点当成小学教育质量来评价。例如考试平均分、学校升学率、尖子生的多少等等。但是我们也认识到评价学生整体素质水平变化是以评价学生整体素质水平为基础的。没有对学生整体素质水平的评价,就不可能进行对学生整体素质水平变化的评价。

3.评价小学教育质量当务之急的基础工程是选择有代表性的评价项目,制定科学的评价标准,建立科学有效、切实可行、简便易行、易于操作的评价机制。虽然现在各种各样评价小学教育质量的做法很多,但是真正意义的小学教育质量评价很少,科学有效、切实可行、简便易行、易于操作的小学教育质量评价办法几乎就没有。因此制定科学有效、切实可行、简便易行、易于操作的小学教育质量评价办法,建立相应的评价机制,应当是小学教育当前必须建立的一项极其重要的基础工程。应当放手让学校按照正确评价教育质量的精神大胆实践、大胆创新。上级领导深入实际,深入学校,深入班级,深入课堂,和干部教师一起实践,一块摸索,一起总结积累经验。在实践中提高对科学正确评价教育质量的认识,探索科学正确评价教育质量的规律。

4.评价小学教育质量也应该有评定学校工作的功能。真正的教育质量应该是评定小学工作好坏优劣的主要依据。脱离学校教育质量或不以真正的学校教育质量为主要依据来评定学校工作都是不科学不准确的。通过评价小学教育质量来评定学校工作,在当前还是要慎重行事。因为,以学校教育质量为主要依据来评定学校工作优劣不可能在短时间内完成。而且,现在还没有真正意义的小学教育质量评价办法,更没有科学有效的依据小学教育质量来评定学校工作的办法。现在的有些评价办法,由于不够科学客观公正,因此很难服众,很难使学校从评价中得到帮助、得到激励。各个学校的工作环境不同,工作条件不同,工作的原始基础不同,因此工作效益、工作效果肯定会出现差距。在这种情况下评价出来的教育质量不一定能反映学校工作的真实情况,不能起到令人信服的激励作用。

5.要注意小学教育质量评价和小学生质量评价的区别。小学教育质量评价和小学生质量评价是既有区别,又有联系的两个概念。二者区别首先表现在评价对象上。小学生质量评价的对象是小学生个体,是学校的每个小学生个体。而小学教育质量的评价对象不是小学生个体,而是整个学校的小学生群体。二者区别其次表现在评价内容上。小学生质量评价是看每个小学生个体整体素质水平达到既定标准的情况。而小学教育质量评价是看整个学校小学生群体整体素质水平的变化情况。二者区别再次表现在评价标准上。小学生质量评价是依据国家对小学生个体整体素质发展水平的标准来对小学生进行的评价。而小学教育质量是依据国家对小学生整体素质发展水平的标准和小学生群体整体素质发展水平前后两次的变化来进行评价的。二者的联系也是紧密的。首先小学生质量是小学教育质量的基础。其次评价小学教育质量也有人采用依据小学生质量评价的结果通过统计分析的方法来进行。

第三节 反思工作漏洞 建立评价机制

一、反思工作漏洞

1.用学校的升学率来评价学校教育质量,来看待学校的工作,这其实是十分不准确、不客观、不公平的。首先考试分数、升学率等指标,只能代表学生素质水平的某一方面的某一点。它不能代表学生的整体素质水平,更不能代表学生整体素质水平的变化,因此它就不可能全面反映教育质量。其次学校与学校之间生源不同,学生素质发展的原始基础不同,教育工作的起点不同,因此出现考试成绩、教育结果的不平衡是必然的。从这个角度来看考试平均分、学校升学率也不能准确客观反映学校的教育质量。平均分高不一定就说明教育质量高,平均分数低也不见得就说明教育质量低。因为平均分高虽能表明其学生素质水平的某一方面高一些,但整体素质水平的变化却不一定就大;分数低虽能表明其学生素质水平的某一方面低一点,但整体素质水平变化不见得就小。学生整体素质水平变化才是评价学校教育质量最根本的依据。因此考试分数、升学率等指标不能准确真实代表学校的教育质量。另外学校与学校之间在社区教育环境、师资的原始水平、教育资源的原始基础等方面存在着很大差别,有的甚至是天壤之别。不问这些区别,就简单用一个平均分,一个升学率来评价看待学校确实有失客观、公平。

2.把学校培养尖子生的多少、升入重点学校人数的多少、在各种比赛中获得市区乃至全国大奖人数的多少作为评价一个学校教育质量的主要依据,甚至出现了一个学生带红了一个学校的现象。这其实是不太科学的。少数学生不能代表全校学生。升入优质学校,比赛获大奖,只能表示尖子学生在整体素质的某个方面、某个点达到一定高度。但是其整体素质水平就未必达到特别理想的水平。也可能达到了,也可能没达到。所以说用尖子学生多少来简单评价学校教育质量是不太准确的。但是不能否认尖子学生状况可以代表学校教育质量的一个方面,可以代表学校工作的一个方面。

3.把学校做了哪些工作,搞了哪些活动作为评价学校工作优劣的依据,这也是不恰当的。教育质量才是评定小学工作好坏优劣的主要依据,学校做的工作、搞的活动可以影响学校教育质量,但是它绝不等于学校教育质量本身。学校做的工作、搞的活动有正确与错误之分,科学与谬误之分,其效率有高低之分,其效益有好坏之分,不能一概而论,不能同等看待。学校的教育质量,只能依靠学校的教育活动来实现,依靠学校的管理活动来保证。但是并不赞成不计效果、不讲效率效益地盲目搞活动,不赞成把搞了教育活动简单等同于教育质量高,不赞成认为没搞活动就是教育质量低的说法。因为那样会把学校引入不计后果、不讲效率、无效劳动的歧途。

4.把家庭主动教育导致的学生素质水平变化,把孩子参加社会特长班导致的学生素质水平变化,把家庭教师导致的学生素质水平变化,把幼儿园教育所导致的学生素质水平变化,把孩子自己自主学习导致的素质水平变化都看成、说成学校的教育质量,这也是不准确、不客观的。因为这些孩子的素质水平变化,是在别人的教育活动作用下产生的,不能完全记在学校的功劳簿上。那样会使学校不能客观地分析本校工作的利弊、好坏、得失、正误,会过高地估计学校的教育质量和学校工作。

二、建立评价机制

大胆对制定科学的小学教育质量评价标准,建立科学有效切实可行、简便易行、易于操作的小学教育质量评价机制进行设想。评价小学教育质量应当做好如下几件事:

1.确定能基本代表小学生整体素质水平变化的几项指标。这几项指标是代表性的指标,不是全部指标。找到全部指标是不可能的,利用全部指标和过多指标来评价也是不现实、不切实可行的。但是这几项指标一定有代表性,能基本代表小学生整体素质水平的变化。

2.制定考核这几项指标的标准。这个标准指的是小学生整体素质发展达到什么水平的标准。这些标准也应该是选择有代表性的。

3.找到考核这几项指标的办法。要切实可行,简便易行,易于操作。

4.建立考核这几项指标的制度。要定期评价,长期坚持。

5.建立考核这几项指标的档案。此档案应当是评价变化的依据。

6.制定评价这几项指标变化的标准。这里指的是变化的标准。

7.依据考核档案和评价标准对各项指标的变化进行评价。一定要依据有代表性指标的全部来评价,不能单拿出一项或两项来评价。因为依据少数指标对学校教育质量进行整体评价或评定的做法负面作用太大。

8.对学校教育质量的评价完成以后,工作不能到此为止,还有更为重要的工作。对学校来说,那就是依据学校教育质量评价结果对学校教育工作和管理工作进行认真的反思,总结经验教训,寻找今后努力的方向,制定改进工作的实施方案。

第十一讲 尽心尽力 谋求学校可持续发展

我们都知道,儿童发展的时期是一生最重要的时期。道德的营养不良和精神的中毒对人的心灵的危害,正如身体的营养不良对于身体健康的危害一样。所以,儿童教育是人类发展最重要的一个问题。

——蒙特梭利

对学校优良传统的积极肯定是使这些优良传统得以传承的重要基础。优良的传统是由一代又一代教师传承下来的,学校中的老教师一般就是学校优良传统的代言人,对老教师的尊重其实就是对学校优良传统的尊重。要让学校优良的传统得以继承,让它在学校管理中发挥积极的作用,领导的带头示范作用是十分重要的。继承优良传统有了领导的身先士卒,全校教师就会紧跟其后。一所学校优良传统的继承和发扬,能使人们强烈地感受到那所学校教师特有的气质和精神。而这种特有的气质精神能使学校的管理走上一个新的平台,能使学校的办学水平迅速而稳步地得到提升。

第一节 去粗取精 继承学校优良传统

一个学校如果有了优良的传统,那学校管理中的许多工作都会呈现自动化的喜人局面。而传统的继承是需要一定条件的。其中对传统的积极肯定、对老教师的尊重以及领导的带头示范作用显得尤为重要。"文化立校"代表着学校发展方向。从战略高度建设学校文化,提高办学实力和品位,培育坚实深厚的科学与人文基础,铸就师生健全人格和良好个性品质,是学校文化的核心功能和价值所在。进行着学校文化建设时,把握传统与现代、传承与进步、发展与创新的关系,坚持"扬弃",在传承中谋发展,在创新中求特色。

一、文化立校

学校文化反映的是学校精神内涵,是学校教育的灵魂文化,可视为学校一切文化现象的总和,无处不在,无所不包。大体应分为三个层面:

(一)物质文化

包括校园自然环境和各类设施。学校物质文化具有直观形象性,蕴涵着设计者、建设者和使用者的价值观、审美观。布局合理、富有个性的校园建设,不仅能起到美化环境、装饰校容的作用,而且能起到陶冶情操、净化心灵的作用。而这种心灵的塑造,不同于知识技能的培养,它只能靠文化环境的营造形成心灵的感应、精神的升华、观念的更新,实现学生时代性格的塑造。文化气息浓厚的校园,会让人感受到一种浩然之气、书卷之气、自然灵气,这就是学校物质文化对人教育和感染的无穷魅力。

(二)制度文化

包括培养目标、制度纪律、校规校训等校园一切制度形态的东西,制度文化建设是学校生存发展的必经历程。这种具有强制性的制度文化,一经学校成员的高度认同,不仅能促进良好品行和价值观念的形成,更能凝结为一种无需强制就能在世代师生中自然传承的精神文化传统。必须要有明确的培养目标和办学方针,严格完整的规章制度和组织纪律,全心致力于培养师生严谨求实的治学精神和实事求是的工作态度,才能培养出高质量的人才。

(三)精神文化

精神文化,是学校文化的核心内容,是学校文化建设所要达成的最高境界。包括办学思想、价值观念、态度作风、行为方式、礼仪习俗、人际关系等精神形态的东西。一些中外名校之所以魅力经久不衰,就在于他们能始终坚持和弘扬自己优秀文化传统,经过历史的积淀、选择、凝聚,最终形成一种更高境界的精神文化——学校精神,并由此透射其独特的感染力、凝聚力和震撼力,陶冶和启示着一代又一代的莘莘学子。精神文化影响着校内成员价值取向、人格塑造、思维方式、精神风貌、道德情感等;同时,它对外亦能彰显学校的精神风貌、个性特色和社会魅力。

物质形态文化是学校文化的外壳,制度形态文化是学校文化的支柱,精神形态文化是学校文化的核心。文化立校,要求学校通过物质文化、制度文化、精神文化的建设来促进学校的发展,办出特色,办出品位,办出品牌。文化立校,就是用文化来管理学校,不讲学校文化建设的校长只是一个工头,不注重文化建设的学校只能算一个初级的培训场所。

小学的发展,一般可分为三个阶段:第一阶段学校的管理主要依靠校长的观念、人格和能力,第二阶段学校的管理主要依靠一套完善的机制和规章制度,第三阶段学校的管理主要依靠学校文化。

二、文化传承

文化传承是学校精神的活力源泉,学校文化产生于深刻的历史文化背景中,如同一面硕大的镜子,照亮过去,昭示现在,指引未来。文化建设应该尊重历史,植根历史,传承和发扬优秀的学校传统文化。

中华民族的传统文化集中表现于"天行健,君子以自强不息;地势坤,君子以厚德载物"。"自强不息"和"厚德载物"一个是奋斗,一个是兼容。小学教育,就是要用深厚的学校历史文化、先进的教育思想、敢为人先的创新精神,熏陶一代又一代学生,滋养千千万万颗师生的心灵,铺就一批又一批才俊的成功之路。这些极其宝贵的精神财富,是一种不可再生的教育资源,是当代小学教育传承、发展、创造现代学校文化的依托和动力之源。

1.小学校长应以先进的办学理念和人格魅力,凝聚人心,激发起全体教职工奋发向上、不甘落后的激情。让传统的学校文化在传承中开始扬弃,摒弃粗放式的管理套路,依法治校,进行精细化民主管理,新的学校文化一旦形成,小学教育必将会以崭新的面貌出现在公众的视线之中。一个成熟的教育理念,经得住历史检验。先进的办学理念是校长治校育人的总路线,从而引领学校发展。先进的理念是一面旗帜,是一种力量,是一种气质,是一种个性,是一种氛围,是一种最宝贵的教育发展资源。如果本着继承优良传统,以人为本,走内涵发展之路的理念,必然会形成独特的学校价值取向及文化氛围,成就小学教育的成功之路、社会地位和教育品牌。

2. 制度是学校文化建设初级阶段的产物。制度向学校精神飞跃,是一个艰难的质变过程,是一种学校文化从初创到成熟,从粗放到精致的过程。从艰难的境地中崛起跻身名校行列,是一个艰难的质变,一个不断升华的过程。只有制定出一批具有学校特色的规章制度,并加以有序地实施,使之被全体教职工认同,才能使得学校的文化建设实现从制度文化向精神文化的飞跃。

小学校长应坚持人性化管理,但亦要治校严谨。争取获得高度的凝聚力、向心力、上进心,使教师素质在不断反思中提高,让学生在自信中成长。

3. 精神层面的文化经过长期建设一旦形成,则使学校具有了核心竞争力。学校制度文化在经过建构积淀成学校精神后,就会形成一种"以法治为保障、以改革为动力、以育人为根本、以师生为主体、以服务求支持、以实绩树形象,与时俱进,开拓创新,不断丰富学校内涵,提升办学品味"的核心竞争力,自然会谱写出辉煌的办学业绩,走上健康发展之路,达到无为而治,治而有恒却无痕的境界。

三、文化创新

文化创新是学校发展的不竭动力。在瞬息万变的信息化、多元化时代,唯一不变的就是"变",学校文化的营造也必须不断应变创新,才能与时俱进,充满生机和活力。

小学校长在学校文化建设中发挥的是核心作用。校长要发挥核心作用,就应牢牢把握社会主义先进文化的前进方向,明确爱国主义、科学精神和进取精神始终是先进学校文化的主旋律,博学、求真、至善、唯美始终是学校文化的永恒追求。校长要加强学校文化建设的高度责任感和使命感,弘扬民族优秀文化传统,倡导和谐理念,培育和谐精神,不断更新教育观念,增强文化意识,善于创设和充分利用多元文化载体,张扬学校个性,在创新上求发展,在特色上做文章,从而积淀成特色文化学校精神,打造出品牌学校。

第二节 立足实际 制定学校发展规划

学校发展规划是对学校发展的一种战略规划。制定学校发展规划的过程是学校管理者对学校未来发展思考、选择和策划的过程。它的使命在于在深刻分析学校发展的历史和当前情况、科学预测未来发展趋势的基础上,预先处理学校未来发展的不确定性,探索学校有效发展的道路,促进学校长期、稳定和持续发展。

一、学校发展规划的主要内容

学校发展规划主要包括四个方面的内容:学校基本情况及分析,学校发展的整体目标及目标体系,学校发展的实践措施,学校发展的保障机制。

(一)学校发展的分析

在制定学校发展规划时,首先要深入、全面地了解学校方方面面的基本情况,即摸清"家底",其次要冷静、理性地分析这些基本情况,既不盲目自大,也不妄自菲薄。对学校现实情况的分析一般包括以下几方面:

1.学校发展的历史分析

分析学校发展的历史是指总结和提炼学校发展的传统、特色和资源,确定学校发展的方向。

2.学校发展的现状分析

对于学校发展现状的分析可以从几个维度展开:一是分析学校发展的有利因素和不利因素,二是分析学校发展的软件、硬件情况,三是对学校整体工作中的各分项工作进行分析。

3.教育发展的形势,政策和理论分析

通过分析,明确国家和学校所在地区的教育发展形势。教育主管部门的政策倾向和教育理论发展的基本趋势。在制定学校发展规划时,保证学校的发展与国家和地区的教育发展形势、政策倾向等保持一致。

4.学校发展的环境分析

包括大环境分析和小环境分析。大环境是指影响学校发展的社会环境和新的人才需求趋势,小环境是指学校所在地区的教育发展情况和周边学校的情况。

5.学校面临的挑战与机遇分析

学校发展的挑战与学校发展的目标是一致的,是学校发展规划中需要解决的核心问题。面对挑战,还要努力寻找迎接挑战、促进学校发展的机遇。

(二)学校发展的目标

确定学校未来三年至五年的发展目标,是学校发展规划中的重要内容。这个发展目标既包括学校发展的整体目标,也包括各方面具体工作的目标。

一个科学有效的学校发展的整体目标必须具备以下条件:

1.与国家和地方教育发展目标相一致

2.符合学校实际情况

3.适中,既有挑战性,又有实现的可能

4.能够分解到学校各方面的工作中去,形成学校发展的目标体系

5.目标在文字表述上必须清楚、明确,不能模棱两可,让人产生歧义,而且必须与学校、现实工作相对应

学校发展的整体目标必须分散到学校各个核心领域的工作中,继而形成一个目标体系。学校的核心工作领域包括:学校管理改革,教学改革,德育、体育卫生工作,课题体系和课程资源建设,教师队伍建设,教研和科研活动,后勤工作,学校文化建设,对外联系。

(三)学校发展的措施

在学校发展规划中,要围绕学校发展的整体目标和目标体系,制定

出一系列达成目标的措施。这些措施必须具备以下条件：

1.有针对性,能够立足学校现状,指向学校某一方面的工作

2.讲求策略,能够多快好省地达成目标

3.符合国家和地方法律法规

4.符合教育规律和学生发展规律

5.切实可行,具有很强的操作性

6.不同的措施之间不会相互冲突

(四)学校发展的保障机制

学校发展的保障机制主要有：

1.组织机构及制度体系。在学校发展规划实施之前,要审视学校当前的组织机构和制度体系,尽可能去规范和完善。

2.人力资源。包括教师队伍、管理者队伍和生源,核心是教师队伍。

3.物质资源。主要包括学校的办学经费、硬件设施、课程资源等,核心是课程资源。

二、学校发展规划的目标

学校发展规划要靠教职工去实现,所以必须站在教职工的立场上思考实际问题,进行有效规划学校发展规划的目标,或者说学校发展规划要达到的效果是让处在不同发展阶段的教职工看到三样东西：

(一)任务

包括学校的任务和个人的任务。学校要围绕发展规划建立任务体系。即把任务分类分层,分出轻重缓急,分出常规任务和非常规任务,分出核心任务和外围任务等,同时把学校的任务和个人的任务有效地整合起来。这体现了规划的科学性。

(二)发展

包括学校的发展和个人的发展。学校发展规划要让教职工透过学校发展目标和任务体系看到学校的发展。透过个人在学校任务体系中的作为看到个人的发展,同时能够把学校的发展和个人的发展有机地结

合起来。

（三）曙光

包括学校发展的曙光和个人发展的曙光。这表现为学校为实现目标、完成任务所能提供的物质条件和保障措施。学校目标的实现、任务的完成与教职工的素质和努力程度直接相关,但这两者之间并不能画等号。物质条件是指学校能够为教职工提供什么物质资源和现实支持,以确保任务的完成。保障措施是指相应的管理规范和方法。

三、学校发展规划的模式

（一）自上而下的学校发展规划模式

自上而下的学校发展规划模式是指在制定学校发展规划时,主要依靠学校管理层和外来咨询专家的力量,提出学校发展规划草案,再通过一定的方式征求教职工的意见,对规划草案进行建设性而非颠覆性的调整,最后确定学校发展规划。咨询专家一般包括教育管理理论研究者、知名校长和上级教育行政部门的领导等。

在这一模式中,学校管理层和外来咨询专家起决定作用,学校发展规划的技术层面的因素和理性的分析被更多地关注,学校发展规划的成功更多地取决于学校管理者的素质和咨询专家的知识。自上而下的学校发展规划模式适用于这样的情境:学校的整体师资力量比较弱,教师参与学校民主管理的程度不高,学校文化不太支持创新。

（二）自下而上的学校发展规划模式

这一模式是指在制定学校发展规划时,主要由教职工提出学校发展规划草案,再由学校管理层会同外来咨询人员进行集中讨论,对规划草案进行建设性或者颠覆性的调整,最后确定学校发展规划,在学校管理层会同外来咨询专家集中讨论规划草案阶段,究竟是建设性调整还是颠覆性调整取决于两个方面:一个是草案的质量,一个是学校管理层和外来咨询专家意见的质量。

在这一模式中,教师的集体智慧和全员参与起决定性作用,学校发展规划的实践层面的因素和对实践的分析被更多地关注,学校发展规划的成功更多地取决于教师的整体素质和参与学校管理的程度。这种模式适用于这样的情境:学校整体师资力量比较强,教师参与民主管理的程度高,学校文化支持创新。

四、学校发展规划的功能

(一)指向性

规划是全面而长远的发展计划,在一定时期内,规划是学校各种活动、行为所要达到的境界和标准,是学校各项行动的航标。科学而符合实际的规划,具有极大号召力,使全校师生员工朝着规划所指向的目标而奋斗,并鼓舞士气,增强凝聚力,提高学校工作的效率和效益。

(二)可控性

规划的指向性特征决定了规划具有控制的意义。规划制定并为群众所理解和认同后,校长就可以根据规划中所制定的目标,调动各种积极因素(如人力、财力、物力等),努力实现预定目标。同时,在实现目标的过程中,还要尽力排除各种干扰,纠正偏离目标的各种行为,抑制不符合目标的其他需要。规划要求师生员工围绕目标和要求,按一定的活动方式及日程去行动,所以,它对有效调控师生员工的行动方式具有积极作用。

(三)激励性

规划能激励人们的行动,鼓励人们为实现目标而努力。当师生员工行动遇到障碍时,规划中的目标给人以克服困难的力量。而当行动较为顺利时,规划中的目标又给人以鼓舞,增添人们行动的热情和信心。当全校师生员工看到鲜明、具体的目标,并感受着目标的一步一步实现,就会形成强烈的动向感,朝着既定的目标奋进。

(四)可衡性

正确而切合实际的规划中的目标,既是各项管理工作的出发点,也是终结点,因而它是人们检验和衡量各项工作成效的尺度。校长通常根据既定的目标要求检查工作的达成度,使精心设计的学校发展蓝图变成客观现实。工作好坏、质量高低的评价,不是来自主观和感觉,而是以是否完成规划中目标的客观实际为依据。规划的可量性,还体现在能使学校、学校里的各个部门能根据规划要求具体衡量各自工作的成效。

（五）发展性

校本发展是一种重视学校自身力量和学校自身发展的教育观念。它主张在政府宏观指导和积极参与下,学校自主办学和自主发展。即:校本发展需要学校充分发挥自身的主体性、能动性和创造性,推进发展策略,发挥自主办学的功能作用。在校本发展的理念下,学校规划的制定要充分发挥学校的主动性和能动性,需要学校从自己的优势和弱势中寻求变革,在大量的比较参照中重新定位,制定科学可行、符合实际的行动纲领,并实事求是地去操作实践。这一切,包括规划的制定和实施,都将有效地调动学校各种人员的积极性,并有力促进学校的自主发展。

五、制定学校发展规划应该注意避免的误区

（一）眼睛朝上的学校发展规划

眼睛朝上的学校发展规划是指在制定学校发展规划时,校长眼里只有国家和地区的教育目标和政策,只有上级主管领导的喜好,没有学校自身的特点。制定这样的学校发展规划的目的要么是做样子,要么就是取悦上级主管领导。

（二）高高在上的学校发展规划

高高在上的学校发展规划是指学校发展规划是校长根据个人见解制定出来的,没有全校教职工的参与,教职工根本就不了解学校发展规划的制定过程和学校发展规划本身。这样的学校发展规划实际上不是关于学校发展的规划,而是校长个人意志的传声筒,在一定程度上是校长个人的职业发展规划。

（三）跟风追潮的学校发展规划

跟风追潮的学校发展规划是指在制定学校发展规划时赶时髦,学校教育教学和管理领域什么热门提什么,流行什么写什么,学校发展规划中充满了新概念、新提法,但是却没有实质性的内容,这使学校发展规划成为学校发展概念的规划。这样学校的发展规划是学校管理中功利倾向的一种表现。

（四）依葫芦画瓢的学校发展规划

依葫芦画瓢的学校发展规划是指在制定学校发展规划时,不是根据学校自身的综合情况进行理性分析,而是简单模仿其他学校现成的或成功的学校发展规划。这样的学校发展规划往往没有自己的特色,也不能指导学校在办学实践中形成自己的特色。

（五）任务书式的学校发展规划

任务书式的学校发展规划是指在学校发展规划中,详细地列出了学校未来三年至五年的几项核心任务是什么。但是,没有规划如何完成这些任务,也没有明确学校为完成这些任务提供了哪些保障,特别是学校为教职工个人的发展提供了什么条件。这样的学校发展规划缺乏号召力,不能激发教职工的积极性和创造性。为了确保学校发展规划的有效性,学校管理者要在制定规划时问自己三个问题:

1. 在制定学校发展规划之前,应该自问"我们应该如何制定学校发展规划"。通过对问题的思考,确定制定学校发展规划的模式、程序和操作设计。

2. 在确定学校发展规划草案之后,应该自问"我们的学校发展规划有效吗"。通过对这个问题的思考,找出学校发展规划草案中的漏洞、问题和能够改善的地方。

3. 在确定学校发展规划之后,应该自问"有没有更有效的学校发展规划"。通过对这个问题的思考,对现有的学校发展规划进行反思和进一步修正,使学校发展规划更加完善。

第十二讲　尽职尽责
努力扮演好社会角色

教育中要防止两种不同的倾向：一种是将教与学的界限完全泯除，否定了教师主导作用的错误倾向；另一种是只管教，不问学生兴趣，不注重学生所提出问题的错误倾向。前一种倾向必然是无计划，随着生活打滚；后一种倾向必然把学生灌输成烧鸭。

——陶行知

邓小平同志指出："现在小学一年级的娃娃，经过十几年的学校教育，将成为开创 21 世纪大业的生力军。中央提出要以极大的努力抓教育，并且从中小学抓起，这是有战略眼光的一步。如果现在不向全党提出这样的任务，就会误大事，就要负历史的责任。"可见，小学教育是整个教育事业的基础，要提高整个教育事业的质量，必须从小学教育做起。要想发展好小学教育，就必须认清小学的基础地位，明确小学校长的社会责任，增强小学与社会各界的交流与沟通，促进小学教育全面发展。

第一节　小学教育的重要性

一、小学教育的基础地位

小学教育的基础地位具体表现如下：

（一）小学教育在实施义务教育中的基础地位

1986 年颁布的《中华人民共和国义务教育法》规定，国家实行九年义务教育。义务教育是国家用法律形式予以规定，要求适龄儿童必须接受,国家、社会、学校、家庭必须保证的,强制、免费和普通的国民基础教育。义务教育是面向全体公民的教育,是面向未来的事业。义务教育的普及程度、质量优劣直接关系到我国经济和社会发展所需的亿万劳动者的素质和各级各类人才的质量,关系到社会全面进步的程度和我国的国际声誉及形象。小学教育是九年义务教育的第一阶段,在实施义务教育中负有直接的重大责任。小学教育的健康发展将有利于从根本上杜绝新文盲的产生,直至最终消灭文盲,从而保证接受教育成为每一个人的权利和义务目标的实现。

(二)小学教育在整个教育体系中的基础地位

一个国家的学校教育体系大都分为若干阶段。我国的学校教育体系,一般包括初等教育——中等教育——高等教育三大阶段。其中初等教育(小学教育)和中等教育(中学教育)都属于普通基础教育,其连贯性很强,但每个阶段又有其独立的性质和任务。九层之台,始于垒土。小学教育是各级各类教育的基础。从个人来讲,完好的小学教育,为其身心健康发展奠定了基础,同时为其接受中等教育提供了条件。从一个国家来看,只有小学教育普及和提高了,中等教育、高等教育才能逐级普及和提高。从这个意义上讲,小学教育具有为高一级学校打基础、为培养各级各类人才打基础的性质。总之,小学教育为提高国民素质奠定基础,为培养各级各类人才奠定基础,为儿童一生的发展奠定基础。

二、小学教育的基本特征

小学教育是一项规模宏大的教育奠基工程,除具有一般教育的特点外,还有它自身独具的基本特征。

(一)全民性

小学教育的全民性,从广义上说,是指小学教育必须面向全体人民。这样,才能从根本上彻底扫除文盲,从整体上提高全民族的文化素质。

从狭义上讲,是指小学教育必须面向全体适龄儿童。小学教育的全民性是世界各国教育改革的共同趋势,几乎所有国家的教育都在努力创造条件,确保每个人接受初等教育的权利。1989 年 11 月,联合国教科文组织第 25 届大会确定"争取全民基础教育"计划,要求最大限度地扫除文盲和普及初等教育。1990 年 3 月,在泰国召开了世界全民教育大会,会议主题是"使人人都有享受教育的机会",会议通过的《世界全民教育宣言——满足基本学习需要》反复强调的就是:使人人享有受教育权利,向所有的人提供接受教育的机会。在社会主义新时期,我国的小学教育是全民教育,这是社会主义现代化建设,提高整个中华民族的素质,使全国各民族的所有儿童都接受社会主义教育的需要。为了保证这一全民性质,国家特别对女童的教育、贫困地区和少数民族地区儿童的教育给予特别的关心,采取了特殊政策。对于残疾儿童的小学教育也给予了特殊的关注,专门加以保障。

(二)义务性

小学教育面向全体适龄儿童,任何未成年的公民,不论其种族、民族、性别、肤色、语言、社会经济地位的差异(智能及身体状况不允许的例外),只要达到一定的年龄(6～7 岁),都必须接受小学教育。因此,小学教育在整个教育中具有义务教育的性质,对于每个公民来说,教育机会是均等的,是应当享有的权利。《中华人民共和国义务教育法》规定:国家实行九年制义务教育。省、自治区、直辖市根据本地区的经济、文化发展状况,确定推行义务教育的步骤。国家、社会、学校和家庭依法保障适龄儿童、少年接受义务教育的权利。义务教育是国家用法律形式规定的对适龄儿童和青少年实施一定年限的普及的、强迫的、免费的学校教育。

这里的"义务"一词包括:国家有设立学校以使人民享受教育的义务,父母或监护人有使学龄的子女或被监护者就学的义务,全社会有排除适龄儿童和青少年入学受教育的种种不良影响和障碍的义务。

因此,义务教育要求国家、家庭、社会必须给予保障。对受教育者来讲,既是应享受的权利,又是应尽的义务。小学教育是义务教育,根据义务教育法的规定,它又是强制的和免费的:国家对接受义务教育的学生免收学费。国家设立助学金,帮助贫困学生就学。父母或者其他监护人必须使适龄的子女或被监护人按时入学,接受规定年限的义务教育。由于小学教育是依国家法律而实施的基础教育,因而它具有强制性。

（三）全面性

小学教育是向儿童实施德、智、体、美等全面发展的教育。小学教育既不是就业定向的职业技术教育,也不是培养高层次专门人才的专业教育。它是面对全体儿童实施普通的基础知识和基本技能的教育。在此基础上发展他们的能力,培养他们高尚的思想道德品质和提高他们的身体心理素质,使他们具备国民应有的一些基本素质,为他们进一步深造创造条件。小学教育是培养各级各类人才的前提。小学教育是向全体儿童进行的最基本的知识、技能教育,帮助他们学会如何做人,奠定日后学习、生活和进一步发展的基础。从某种程度上讲,全面性是专业性的预备。只有保证小学教育的质量,才能确保高一级学校的教育质量。儿童接受小学教育的年龄阶段,是人生历程的巨大变化时期,是人的智力、能力和良好习惯形成的最佳时期,小学教育的每一个方面都不可偏废。

第二节　小学教育的意义

一、小学教育的启蒙作用

从人生发展历程来看,小学阶段是最重要的,是长身体、长知识最旺盛的时期。小学生好奇心强,求知欲旺盛,思维敏捷,对什么问题都要问个为什么,他们像海绵吸水那样,不断地吸收各种知识。小学生记忆力强,善于背诵,对感兴趣的事物,能够牢记在心。小学生模仿力强,容易做到习久成性,在儿童时代养成的好习惯,可以牢固地保持一辈子。相反,小学阶段养成的不良习惯,到中学和大学时纠正起来就很困难。因此,在小学阶段,不仅要让学生学到知识,发展智力,还要在学习上对他们进行严格的训练,养成良好的学习习惯。在思想品德上要有严格的要求,使其养成良好的行为习惯。小学基础打得好,会影响到学生以后的学习和成长,甚至会影响到他们的一生。小学教育是儿童接受学校教育的开端。在这个阶段,儿童将发生三个方面的具有人生启蒙意义的转化:一是由随意游戏活动向有目的、有计划的学习活动转化,二是由个体和松散的群体活动向有组织、有规律的集体活动转化,三是由口头语言向书面语言转化。这些转化可以使儿童突破时间和空间的限制,拓宽认识范围,从而对于促进全面发展产生重大影响。由此可见儿童思想品德的形成、知识能力的发展和身体素质的增强,都将在小学教育阶段正式起步。总之,小学阶段是儿童发展最易受影响的时期,是儿童向少年过渡,从不成熟到逐步成熟,身心发展的关键时期。因而这一时期的教育,在人的一生发展中起着重要的启蒙作用。

(一)在身体素质方面的启蒙作用

小学是儿童身体迅速发展的时期,儿童的身体比起幼儿来虽强健得多,但与繁重、持久的学习任务相比还是弱的,因此,关心儿童的身心健康,增强儿童的体质在小学教育中十分重要。在儿童进入小学的最初一年,尤其要注意不要使儿童一进入学校就产生惧学、厌学的心理。对儿童健康的关注、保护以及增强儿童体质的意识与措施应贯穿于小学教育乃至各级学校教育的全过程。这一任务在儿童时期之所以尤其重要,是因为儿童还不懂也不会意识到要保护自己的身体和各种器官,小学教育工作者在这方面的责任就更为重大,稚嫩的身体可以锻炼得结实,也容易受到损伤。近些年来,我国小学生近视率的提高、心血管、神经性疾病的增多是不可轻视的问题。在小学期间,教育儿童养成良好的作息习惯和清洁卫生习惯是对身体健康的全面保护。

（二）在学习知识方面的启蒙作用

小学时期的儿童正处在智慧潜力逐步显现并迅速发展的时期，小学教育的一个重要任务应当放在启迪儿童智慧发展上。除教学内容外，读、写、算和手工操作的技能技巧的训练对儿童智力的发展和今后学习能力的发展具有重要的意义。儿童手工操作往往被忽视，然而具有发展创造能力的人一般在小学期间就有种种表现，动手能力的训练错过了这一时期，收效就较慢。另外，最为重要的是学生熟练掌握、运用书面语言的能力。在学习过程中，教师应着重培养学生的学习自主性，包括合理安排学习时间，独立完成作业，检查、订正作业错误，努力克服学习中的困难。小学生自信心的发展程度是与克服困难密切相关的，也与教师的评价相关。因此，小学教师在指导、帮助学生学习的过程中，对他们进步与独立性的关心和鼓励比什么都重要。教师要相信学生会成功，并善于通过多种方法使儿童在学习中逐渐学会运用自己的力量去获取成功。创新是一个民族进步的灵魂，是国家兴旺发达的不竭动力。创新成果的产生依存于创新思维和创新能力，而这种思维和能力，必须从小培养，从学生时代开始养成。因此，小学教育在培养儿童的好奇心、求知欲，帮助儿童自主学习、独立思考，保护儿童的探索精神、创新思维，以及开发儿童的潜能等方面都具有重要的启蒙作用。

（三）在思想品德方面的启蒙作用

进入小学的儿童，随着生活范围的不断扩大，会遇到越来越多的道德问题。小学生道德品质的发展关键是要认真做到言行一致、校内外一致。言行不一致的存在，是因为小学生缺乏坚强的意志。习惯或道德行为的形成需要一定数量与强度的实践训练，因此小学思想品德教育的重点是培养小学生良好的道德观念和行为习惯，即文明行为的养成教育。如果能够长期地对小学生进行严格要求、反复训练，就会在他们的头脑中建立起一系列的条件反射，形成道德行为上的高层次的动力定型，做到习惯成自然，为小学生日后的学习和工作奠定坚实的基础。小学中组织与安排好儿童的课外、校外活动，发挥班级、儿童组织的作用，可以培养儿童较宽广的认知兴趣和关心集体、关心他人、团结协作的精神，可以为儿童提供展现个性才能和进行主动选择的机会，可以使儿童形成健康愉快的心理状态和自主能力。不仅要初步了解他们的年龄特征和个性特点，而且要具体地掌握儿童在小学阶段的身心发展过程，针对每一个具体的儿童和其身心在不同阶段的特点，做细致而艰苦的教育工作，并且把学校教育与家庭教育和社会教育密切结合起来，为社会主义建设培养合格的各类人才，为祖国的未来造就全面发展的一代新人。

二、小学教育注重人文社会科学的现实意义

江泽民同志在庆祝中国共产党成立八十周年大会上的讲话指出："要努力提高全民族的思想道德素质和科学文化素质，实现人们思想和精神生活的全面发展。"同时还指出："我们要在发展社会主义物质文明和精神文明的基础上，不断推进人的全面发展。"这句话，在某种程度上说明了精神文明发展的重要性以及人的发展的紧迫性，而要想全面提高人的素质，首先就要全面发展精神文明。而精神文明的发展在很大程度上要依靠教育。小学教育在整个教育中处于奠基地位，是具有开端价值的教育。所以，精神文明的贯彻在小学教育中尤为重要，而在精神文明中占有重要地位。人文社会科学在小学教育阶段是否能得到完整的学习更是小学教育不能忽视的，所以出自小学教育专业的我们学习人文社会科学是有很大的社会意义的。

1. 小学教师通过对小学生人文知识的传授可以影响小学生世界观、人生观、价值观的形成。小学生是需要学习人文科学知识的，学好人文社会科学不仅可以提高自身的人文修养，更重要的是，可以将人文知识渗透到潜意识中，这样，正确的人文知识会在无形中对将来小学生人生

观、世界观的形成起到正确的引导和帮扶作用,有利于祖国下一代的健康成长。全面推进素质教育,使学生的整体素质和创新能力进入世界先进行列。在这里,人文学科和人文教育有着十分重要的作用。人文学科可以提供正确的价值观念和价值体系,引导学生去追求一种更有意义和更有价值的人生。

2. 人文社会科学具有匡正社会风气的作用,这也需要小学教育注重学习人文社会科学。目前,青少年品德不良和违法犯罪已经成为社会关注的重大问题。在我国,青年犯罪从总体上呈现出居高不下的局面。早在 20 世纪五六十年代,青少年犯罪率约为全国刑事犯罪总数的 20%～30%,而到 20 世纪七八十年代,数量已有所上升,增到 70% 以上。到了 2000 年,少年犯罪率也是居高不下。为什么会出现如此高的犯罪率?社会的影响是最本质的。青少年学生富于幻想,求知欲又极强,对于自己不了解的事物总是表现出极大的兴趣。所以,很容易会在不良的社会风气影响下,走上犯罪道路。而人文社会科学包括哲学、伦理学、美学等,它的传播在一定程度上有利于净化社会风气,有利于和谐社会的创建。而传播人文社会科学是最好的、最快捷的手段。通过教育,小学教育更是从根本上传播了人文社会科学。所以小学教育注重人文社会科学更是迫切和必然的。

3. 现在我国对人文知识的缺乏,更需要小学教育注重人文社会科学。早些年,人文社会科学在人们心中地位的失落,一方面是政治上的原因,从极左的、教条主义的观点出发,认为人文社会科学有很强的阶级性,以至将人类学、社会学等作为资产阶级的东西加以批判、否定。前些年,在片面强调发展商品经济的时候,人们更多关注科学技术、经济效益,而将不能立竿见影为经济建设服务的人文社会科学放在了一边,以至于这些年我国人文科学并没有像自然科学那样呼声高。而这些年建设和谐社会、人本社会最重要的就是要提高我国人民的人文素养。我们不能再只重视自然科学而不重视人文科学了。其实，人文和自然科学的关系，就如正负号和绝对值的关系。如果方向正确，科学的发展可以带来巨大的进步。然而如果人们的精神和信仰被愚昧和盲目笼罩，正如正号变成了负号，巨大的科技成果将会直接造成巨大的不可挽回的毁灭。因此，无论科学的本质和素质如果加速人类的能力进步、人类精神上的进步才是文明进步的根本象征。这就是人文的力量，也是精神文明的根本所在。所以，我们要加强对人文社会科学的学习，并且从小学开始就重视人文素养的培养。

综上所述，小学教育注重人文社会科学具有重大的社会意义，它有利于对小学生的人生观、世界观的形成，在无形中起到正确的引导和匡扶作用，对社会起到净化社会风气的作用，防止青少年犯罪率的增加，同时还有利于纠正整个社会重自然科学轻人文科学的状况。

第三节　加强学校与社会的沟通与合作

一、指导思想

为进一步发挥家庭教育在加强未成年人思想道德建设与和谐社会建设中的特殊作用，大力普及科学的家庭教育知识，提高家长的家庭教育水平，创造未成年人健康成长的良好环境，形成家庭、学校、社区的良性互动。学校应全面贯彻落实科学发展观，以提高家长综合素质和加强家庭道德教育为重点，努力办好家长学校。广开社会育人渠道，促进青少年学生健康成长，真正形成家庭、学校、社会三结合的教育氛围。大力普及家庭教育知识和开展家庭教育理论研究，不断推进家庭教育工作向规范化、科学化、社会化方向发展。

二、工作任务

1.大力普及科学的家庭教育知识。加强家庭教育的宣传普及工作,改变家庭教育的宣传普及与广大家长对家庭教育科学知识的需要不相适应的现状,使包括特殊家庭(单亲家庭、留守学生家庭、新居民家庭等)在内的广大家长树立正确的人才观和教育观,提高新城居民的综合素质。

2.注重家长和孩子行为方式的改变。教育和引导家长拓展家庭教育空间,帮助家长克服"重养轻教,重智轻德,重身体健康轻心理健康"的倾向,帮助家长形成理性的、关爱的、民主的家庭教育方法,实现由"自然父母"到"合格父母"的教育角色转变和教育方式的转变。

3.营造良好的家庭教育氛围。加强家庭与学校、社区与学校、家庭与社区之间的双向沟通,进一步调动学生家长学习的积极性,使学生家长和社区居民能认真配合学校教育,为未成年人的健康成长创造良好的家庭环境。

4.发挥社区资源优势,根据各社区现有的条件,要为学校的发展和本社区学生的教育提供必要的帮助和支持。

可以在校园里传授有趣的儿歌,在活跃校园氛围的同时,普及学生的日常知识:

你拍一我拍一,学校建成不容易。

你拍二我拍二,团结友爱好伙伴。

你拍三我拍三,保持安静记心间。

你拍四我拍四,墙壁不能乱写字。

你拍五我拍五,值日不能太马虎。

你拍六我拍六,上下楼梯要靠右。

你拍七我拍七,垃圾分类不乱弃。

你拍八我拍八,爱护桌椅要常擦。

你拍九我拍九,节约用水齐动手。

你拍十我拍十,环境大家来保持。

三、具体要求与措施

(一)抓好组织落实,建设一支强有力的家教队伍

1. 健全家长委员会的工作职能,定期举行会议。

2. 建立家长委员会委员督察制度,对学校教育教学活动进行全程督查,并向学校提出意见和建议。

3. 建设一支以校领导、年级组长、家长委员会成员为核心的家庭教育讲课教师队伍,不断稳固壮大家庭教育专家队伍、更好地发挥他们在传播家庭教育知识、提高家庭教育水平中的示范、辐射和带动作用。

(二)建立表彰制度,促进评选优秀家校学员工作

1. 每学期评选一次好家长,对积极参加家长学校活动,在家教工作中取得一定成绩的好家长进行评优奖励。由学校或社区发给荣誉证书,并举行大会进行表彰。

2. 充分利用好宣传媒体,如板报、校刊、学校网站等,为家长、教师、学生创设共同受教育平台。调动全社会各方面的力量,支持和关心教育事业的发展,努力营造有利于青少年及幼儿健康成长的育人环境。

(三)强化家校联系,共商教育下一代对策

1. 学校将继续做好家访工作,重视做好普访工作和特访工作。教师应主动走向学生,走向家庭,走向家长,以教师强烈的工作责任心赢得家长的信任,进一步提高家访的质量和效果,与家长亲切交谈,共同探讨研究教育下一代的方法,从而进一步提高学校在社会上的信誉。

2. 进一步深化家校合作工作。根据各年级学生的年龄特点开展家校联系工作和家庭教育工作。分层次、分年级、定主题举办讲座,召开学

生家长座谈会,沟通家校联系,促进家校为同步培养好当代未成年人而积极工作。

（四）挖掘家长资源

让家长参与学校课外兴趣小组、学生社团的辅导和培训工作,举办家长讲座,拓宽学生的学习领域和知识面。

1.以博大的胸怀还利于广大师生和社会各界,还权于广大师生,创建自由平等和谐的学校文化。改革学校管理制度,及时听取广大师生和社会各界的意见,经常与广大师生和社会各界群众对话,尊重广大师生权益,建立有效的监督管理机制,依法治校,服务于广大师生,做到学校领导的想法和声音广大师生和社会各界都能听到,广大师生和社会各界的心声学校领导能够及时了解,只有这样广大师生和社会各界才能对学校发展的思路更加理解,更加满意,从而才能真正做到解放思想,以人为本,创建和谐学校文化。

2.以殷实的服务,灵活的沟通方式,创建良好的沟通渠道,构建和谐氛围。学校领导应根据实际,强化便捷的沟通平台,使各方面的沟通顺畅。对群众反映的合理意见要及时调研,需整改的及时学习,建立理性的教师评价机制,有利于调动广大教师积极性,使他们在和谐的学校文化环境中公平竞争,不断取得卓越的成就,从而推动学校的不断发展。开展"继续解放思想、加快推进跨越式发展"大讨论活动,对于学校各方面工作必将起到更好的促进作用,有利于查找问题,发现问题,及时解决问题;有利于统一思想,将全校教职工统一到推进学校跨越式发展目标中来;有利于以人为本,构建和谐校园理念的进一步落实;有利于教师职业道德素质的进一步提高;有利于充分发挥教职员工的积极性、主动性,推动学校全面工作的发展。